MIX
Papier aus verantwortungsvollen Quellen
Paper from responsible sources
FSC® C105338

Toni Friedrich

Das Böse in One Flew Over the Cuckoo's Nest

Eine philosophische Betrachtung des Romans, des Dramas und des Films

Diplomica Verlag GmbH

Friedrich, Toni: Das Böse in One Flew Over the Cuckoo's Nest : Eine philosophische
Betrachtung des Romans, des Dramas und des Films.
Hamburg, Diplomica Verlag GmbH 2013

Buch-ISBN: 978-3-8428-8199-0
PDF-eBook-ISBN: 978-3-8428-3199-5
Druck/Herstellung: Diplomica® Verlag GmbH, Hamburg, 2013

Bibliografische Information der Deutschen Nationalbibliothek:
Die Deutsche Nationalbibliothek verzeichnet diese Publikation in der Deutschen
Nationalbibliografie; detaillierte bibliografische Daten sind im Internet über
http://dnb.d-nb.de abrufbar.

Das Werk einschließlich aller seiner Teile ist urheberrechtlich geschützt. Jede Verwertung
außerhalb der Grenzen des Urheberrechtsgesetzes ist ohne Zustimmung des Verlages
unzulässig und strafbar. Dies gilt insbesondere für Vervielfältigungen, Übersetzungen,
Mikroverfilmungen und die Einspeicherung und Bearbeitung in elektronischen Systemen.

Die Wiedergabe von Gebrauchsnamen, Handelsnamen, Warenbezeichnungen usw. in
diesem Werk berechtigt auch ohne besondere Kennzeichnung nicht zu der Annahme,
dass solche Namen im Sinne der Warenzeichen- und Markenschutz-Gesetzgebung als frei
zu betrachten wären und daher von jedermann benutzt werden dürften.

Die Informationen in diesem Werk wurden mit Sorgfalt erarbeitet. Dennoch können
Fehler nicht vollständig ausgeschlossen werden und die Diplomica Verlag GmbH, die
Autoren oder Übersetzer übernehmen keine juristische Verantwortung oder irgendeine
Haftung für evtl. verbliebene fehlerhafte Angaben und deren Folgen.

Alle Rechte vorbehalten

© Diplomica Verlag GmbH
Hermannstal 119k, 22119 Hamburg
http://www.diplomica-verlag.de, Hamburg 2013
Printed in Germany

Inhaltsverzeichnis

1. Einleitung   1

2. Das Böse – Philosophische Betrachtungen zum Versuch einer Begriffsfindung   4
   2.1. Das Böse in vorneuzeitlicher Deutung   6
   2.2. Das Böse in neuzeitlicher Deutung   13
   2.3. Zwischenfazit   27

3. Das Böse in *One Flew Over the Cuckoo's Nest*   30
   3.1. Präliminare Gedanken zur Erzählperspektive   30
   3.2. Die Wärter – Handlanger des Bösen   35
      3.2.1. Darstellung im Roman und Drama – Sadismus und Vergeltung   35
      3.2.2. Darstellung im Film – Eine hölzerne Dichotomie   40
      3.2.3. Deutung auf philosophischer Basis   44
      3.2.4. Täter oder Opfer?   46
   3.3. The Big Nurse – Das personifizierte Böse?   48
      3.3.1. Darstellung im Roman und Drama – Mensch, Maschine, Kontrolle   48
      3.3.2. Darstellung im Film – Ein menschlicher Antlitz des Bösen?   55
      3.3.3. Emaskulation als Prinzip – Frauen als „*ball cutter*"?   60
      3.3.4. Deutung auf philosophischer Basis   63
   3.4. Die Klinik und *The Combine* – Apparatur und Kollektivismus   67
      3.4.1. Darstellung im Roman – Ein gesellschaftlicher Mikrokosmos   67
      3.4.2. Darstellung im Drama und Film – *reductio ad concretum*   72
      3.4.3. Der Leviathan gegen den *noble savage* – Der Konflikt zwischen Technik und Natur   78
      3.4.4. Deutung auf philosophischer Basis   83

4. Zusammenfassung   87

5. Literaturverzeichnis   91

1. Einleitung

„*To produce a mighty book, you must choose a mighty theme*"[1], schrieb Herman Melville in seinem Roman *Moby Dick*. Es sind Geschichten, die den Menschen eine Welt – seiend, kommend oder zu erhoffend – erklären, die jenen Büchern den Status der Unvergänglichkeit verleihen. Eines der wirkungsmächtigsten Themen, um die sich jene Geschichten winden, ist das Phänomen des Bösen. Wenige Dinge bewegen den Menschen mehr, als das Ringen um Verständnis für das in der Welt existierende, willkürlich hervorgebrachte Leid. Ken Keseys *One Flew Over the Cuckoo's Nest* ist einer der Romane, der von menschlichen Schicksalen als Täter und Opfer berichtet und im Wiedererkennungswert seiner fiktiven Figuren eine Bedeutsamkeit für die Realität des Lesers entfaltet, die ihn zu einem der wichtigsten Werke des zwanzigsten Jahrhunderts hat werden lassen. Die folgende Untersuchung soll den Versuch unternehmen, die Elemente des Bösen im Roman in ihrem Erscheinungsbild und ihrem Ursprung zu erklären. Von diesen Ergebnissen ausgehend, sollen diese Erkenntnisse mit der Darstellung jener Aspekte des Bösen in der gleichnamigen Theateradaptation von Dale Wasserman sowie im Film von Milos Forman verglichen werden.

Um die Essenzen der verschiedenen Materialisierungen des Bösen adäquat interpretieren zu können, ist es notwendig, den Terminus des Bösen zu präzisieren. Dies erfordert einen theoretischen Teil, der die Grundlage für die nachstehenden Untersuchungen bilden soll. Um ein möglichst breit gefächertes Bild vom Phänomen des Bösen zeichnen zu können, werden hierzu verschiedene philosophische Betrachtungen herangezogen. Da diese Standpunkte eklektisch nach ihrem Potential für die Untersuchung ausgesucht und chronologisch kompiliert werden, kann jedoch keine absolute Vollständigkeit aller je verfassten Abhandlungen zu dieser Thematik gewährleistet werden.

Bei der Analyse des Bösen und dem Vergleich der Darstellung desselbigen im Roman, dem Drama und dem Film, lassen sich, zunächst ausgehend von Keseys Werk, vier Kategorien als Quelle des Leids eruieren: die Wärter der Station, die Oberschwester Ratched sowie die Heilanstalt und *The Combine*. Im Sinne einer strukturellen Auswertung soll zunächst vom

---

[1] Herman Melville, *Moby Dick; or, The Whale* (Oxford: OUP, 1998) 407.

konkreten Subjekt (Wärter, Schwester) ausgegangen werden, bevor hiernach die eher abstrakten Entitäten Heilanstalt und *The Combine* Eingang in die Untersuchung finden.

Die Erläuterung der Figuren der Wärter und der Oberschwester auf der einen und die Ergründung des Wesens der Heilanstalt und der *Combine* auf der anderen Seite erfolgt hierbei zunächst durch enge Analysearbeit am Text/Film selbst. Bezüglich des Dramas kann nur die Verschriftlichung desselbigen, nicht eine Aufführung als Grundlage herangezogen werden. Dies bringt den Nachteil mit sich, dass die Spezifika des Dramas (Bühne, Schauspiel, Effekte etc.) nicht berücksichtigt werden können. Auf der anderen Seite kann jedoch auch der Text als Grundlage verschiedener Regieinterpretationen einen Anspruch auf Allgemeingültigkeit beanspruchen und eignet sich daher besser als Gegenstand einer eingehenden Kritik. Die im theoretisch-philosophischen Abschnitt gewonnen Erkenntnisse sollen dann im jeweiligen Kapitel Einzug in den praktischen Teil der Studie, der Herausarbeitung der Charakteristika der Elemente des Bösen, finden.

Auf Thematiken, die das hier zu untersuchende lediglich tangieren (Schicksal der *native Americans*, McMurphy als christliche Erlöserfigur etc.), kann nur verwiesen, selbige daher nicht in aller Ausführlichkeit untersucht werden. Wegen der Fokussierung auf die Darstellungen des Bösen soll diese Untersuchung ebenso wenig primär zur Theorienentwicklung der Intermedialität beitragen. Aufgrund der Alterität in der Umsetzung des Stoffes muss jedoch trotzdem in einem Kapitel kurz auf die Besonderheiten der verschiedene Parameter eines Romans, Dramas oder Films Bezug genommen werden.

Neben den Primärtexten wird auch eine Fülle von Sekundärliteratur – aus Essays, Aufsätzen und Monographien bestehend – in die Analyse mit eingebracht werden. Die zu konsultierende Lektüre besteht zum einen aus Schriften, die sich mit dem Thema *One Flew Over the Cuckoo's Nest* in einer für die Betrachtungen relevanten Weise auseinandersetzen, und zum anderen aus Primär- und Sekundärtexten philosophischer Abhandlungen. Bereits gegebene Argumentationen und Interpretationen sollen dabei mit dem Gegenstand abgeglichen und gegebenenfalls auch dekonstruiert werden.

Sowohl das Buch als auch der Film sowie, mit gewissen Abstand, das Drama waren bisher Gegenstand vielfältiger Artikel, Essays und Anthologie. Die Behandlung der

Antagonistin *nurse* Ratched wird hierbei von einem nicht geringen Teil dieser Texte in Angriff genommen. Auch die Wärter und die Institution der Heilanstalt sowie das Abstraktum der *Combine* haben bereits Berücksichtigung gefunden. Der Vergleich zwischen Film und Roman ist ebenfalls kein nie zuvor unternommenes Unterfangen. Neu in dieser Studie ist jedoch der Versuch, die gewonnen Ergebnisse mit den Philosophien verschiedener Geistesdenker in Verbindung zu setzen. Darüber hinaus dürfte die gemeinsame Behandlung der Antagonisten unter der Rubrik der Elemente des Bösen, sowie der auf diese Thematik bezogene Vergleich zwischen Roman, Drama und Film ein Novum darstellen.

Die Ergebnisse dieser Untersuchung zeigen äußerst unterschiedliche Ausprägungen des Bösen. Sowohl der Ursprung als auch das Gebaren und die Methoden des Bösen präsentieren sich bei den Wärtern, der Oberschwester und der Heilanstalt/der *Combine* in äußerst unterschiedlichen Varianten. Vom offenen Sadismus bis zur perfide kalkulierten Manipulation der Opfer zeigt sich ein weites Bild jenes Phänomens. Die im Roman/Drama/Film dargestellten Figuren zeigen dabei oftmals auch ein im Vergleich ihrer Motive und Verhaltensweisen eher inkongruentes Bild. Der Abgleich mit den philosophischen Theorien des Theorieteils ergab, neben der Unanwendbarkeit einiger Lehrmeinungen, eine erstaunliche Deckungsgleichheit vieler Argumentationspunkte mit denen aus den Text/Film gewonnenen Deutungen. Besonders auf gesellschaftlicher Ebene kann hierbei zwischen beiden Teilen ein enger Bezug geknüpft werden.

2. Das Böse – Philosophische Betrachtungen zum Versuch einer Begriffsfindung

„Das Rätsel Mensch entzieht sich wissenschaftlichen Lösungen …, Gut und Böse bleiben letztlich ein Rätsel"[2], resümiert Annemarie Pieper lapidar am Ende ihres Buches *Gut und Böse*. Ein ernüchterndes, wenn nicht gar vernichtendes Resultat. Pieper ist jedoch nicht allein in ihrer scheinbaren Kapitulation vor dem Problem, diesen Phänomenen eine allgemeingültige Definition und einen Ursprung zuordnen zu können. Seit Anbeginn menschlicher Selbstrezeption steht das Bemühen um das Begreifen der beiden Abstrakta Gut und Böse im Mittelpunkt philosophischer Kontemplation.[3] Hierbei handelt es sich nämlich nicht um Bezeichnungen, die losgelöst (eben „abstrahiert") von der Realität anthropologischen Daseins betrachtet werden können, sondern es sind vielmehr die beiden grundlegenden Wesensbestimmungen menschlichen Handelns und Leidens. Dies ist auch der Grund, warum trotz oder eben gerade wegen der Schwierigkeiten in der Behandlung dieser Problematik die Frage nach Ursprung und Wesen von Gut und Böse durch die Jahrhunderte (und Jahrtausende) immer wieder neu gestellt wird.

Da es sich bei Gut und Böse um dialektische Antipoden handelt, scheint es hilfreich, den Fokus auf eines der beiden Erscheinungen zu begrenzen. Wenngleich auch angenommen werden muss, dass beide Phänomene sehr wohl ihre Manifestation in einer einzigen Entität – in einem Menschen zum Beispiel – finden können, so muss doch trotzdem *a priori* von einer logischen Gegensätzlichkeit dieser beiden Abstrakta ausgegangen werden: „Wenn wir das Gute beurteilen wollen, müssen wir … das Böse und seine Derivate thematisieren."[4] Infolge dieser Annahme könnte einer der beiden Begriffe dann *ex negativo* aus dem anderen heraus einer Definition – und wenn dies nicht möglich ist, so doch einem gewissen Begriffsverständnis – zugeführt werden. Von daher ist es durchaus sinnvoll, sich ausschließlich der Untersuchung des Bösen im Kontext der menschlichen Existenz zu widmen.

---

[2] Annemarie Pieper, *Gut und Böse* (München: C.H. Beck, 1997) 119.
[3] Als philosophische Teildisziplin wurde hierbei die Ethik (gr. *ethos*, „Gewohnheit, Brauch") in Abgrenzung zur Naturphilosophie (Thales und Heraklit u.a.) von Sokrates entwickelt. Sein philosophisches Bestreben zielte dabei auf die Bestimmung des allgemeinen Guten im sittlichen Zusammenleben der Menschen (cf. Svend Andersen, *Einführung in die Ethik*, 2. Aufl. (Berlin: Walter de Gruyter, 2005) 1).
[4] Günter Zehm, *Das Böse und die Gerechten: Auf der Suche nach dem ethischen Minimum* (Schnellroda: Edition Antaios, 2005) 24.

Wenn sich schon die Lösung dieses Problems unserer Vorstellung noch entzieht, so ist doch trotz des oben zitierten Verdiktes Piepers die Fortführung der Reflexion über den Gegenstand unbedingte Voraussetzung für die Arbeit an zukunftstragenden Modellen menschlicher Koexistenz. Demgemäß begreifen gegenwärtige Philosophen wie Herlinde Pauer-Studer Ethik eben auch nicht als geisteswissenschaftliches Auslaufmodell, sondern weisen ihr im Gegenteil eine nie dagewesene Signifikanz in der Lösung kommender, gesamtmenschheitlicher Aufgaben zu: „Die Frage, wie man gut und richtig zu leben hat in einer Welt … der biotechnologischen Entwicklungen und der globalen politischen und ökonomischen Verschiebungen ist höchst komplex. Die Philosophie kennt darauf keine einfache Antwort. Sie vermag aber sehr wohl die Richtung zu weisen, die ein ernsthaftes Nachdenken über dieses Problem zu nehmen hat."[5]

Die Suche nach dem Ursprung und dem Wesen des Bösen (und darüber eben auch des Guten) erschöpft sich nicht in der Feststellung, dass dieses Unternehmen unweigerlich in eine epistemologische Sackgasse führen muss, sie legitimiert sich vielmehr durch das immer wiederkehrende Anstoß geben zum Nachdenken über menschliches Zusammenleben im Kontext sich immer schneller verändernder Lebensbedingungen. Die Erkenntnis, das also, was wir über das Böse in unserer (jeweils jetztzeitigen) Welt in Erfahrung bringen können – wenngleich auch eine endgültige Definition in weiter Ferne scheint – ist daher Eckpfeiler der Orientierung des einzelnen Menschen in den Dimensionen Zeit und Raum sowie Richtungsgeber für unsere zukünftige Entwicklung. Der Versuch das Böse zumindest in Ansätzen zu begreifen ist gleichbedeutend mit dem Glauben an eine gestaltbare Zukunft. Konrad Lorenz, einer der einflussreichsten Biologen und Verhaltensforscher des 20. Jahrhunderts, befindet am Ende eines seiner bedeutendsten Bücher in auffällig philosophischer Klangart (und wohl viele an den nietzscheanischen Übermenschen erinnernd): „Es ist kein allzu großer Optimismus nötig, um anzunehmen, dass aus uns Menschen noch etwas Besseres und Höheres entstehen kann. … Das langgesuchte Zwischenglied zwischen dem Tier und dem wahrhaft humanen Menschen – sind wir!"[6]

---

[5] Herlinde Pauer-Studer, *Einführung in die Ethik* (Wien: Facultas AG, 2003) 7.
[6] Konrad Lorenz, *Das sogenannte Böse: Zur Naturgeschichte der Aggression* (Wien: Borotha-Schöller-Verlag, 1963) 323.

„*This great evil. Where does it come from? How'd it steal into the world? What seed, what root did it grow from? ... Does our ruin benefit the earth? Does it help the grass to grow, the sun to shine? Is this darkness in you, too?*"[7] Es sind Fragen wie diese, welche im Verlaufe der Menschheitsgeschichte immer wieder aufgeworfen worden und deren Beantwortung sich Philosophen verschiedenster Denkrichtungen zur Aufgabe gemacht haben. Dieses Kapitel soll nun versuchen, einige der wichtigsten Vertreter ethischer Moralphilosophie und deren Verständnis vom Bösen in der Welt und im Menschen vorzustellen, um deren Erkenntnisse für die Untersuchungen an *Cuckoo's Nest* heranziehen zu können.

2.1. Das Böse in vorneuzeitlicher Deutung

Sokrates (469 – 399), Platon (428 – 347), Aristoteles (384 – 322) – Die „Erfindung" der Ethik

Da er selbst keine Schriften verfasste, ist das Bild des Sokrates, des ersten der klassischen griechischen Philosophen, der Nachwelt vornehmlich durch zwei seiner Schüler – Platon und Xenophon – überliefert.[8] Auch wenn es sich hierbei um Perspektiven anderer handelt, kann, quellenkritischen Bedenken zum Trotz, der Geist des Sokrates mithilfe der Texte jener Autoren, zumindest bis zu einem gewissen Punkt, rekonstruiert werden. Die sokratische Methode ist wohl am eindrucksvollsten durch dessen Satz, „ich bin mir ja doch bewusst, dass ich absolut nichts weiß"[9], dokumentiert. Dieses Paradoxon reflektiert den dialektischen Prozess, den Sokrates entwickelte, um seinen Gesprächspartnern ihre Widersprüchlichkeit vor Augen zu führen (*Elenktik*).[10] Für die Untersuchung des Bösen markiert Sokrates dahingehend eine entscheidende Etappe, da dieser die kritische Selbstreflexion und die sorgfältige Prüfung des Standpunktes begründete. Das Hinterfragen der menschlichen Existenz und des irdischen Schaffens – „Tue ich Gutes?" – findet seinen Ursprung im sokratischen Ringen nach Wahrheit.

---

[7] *The Thin Red Line*, dir. Terrence Mallick, perf. James Caviezel, Sean Penn, Nick Nolte, Fox 2000 Pictures, 1998, 01:46:00.
[8] Vgl. Günter Figal, *Sokrates*, 3. Aufl. (München: C.H. Beck, 2006) 14.
[9] Platon, *Apologie des Sokrates,* 21b, in *Platon Werke*, ed. und übers. Ernst Heitsch, Band I 2, 2. Aufl. (Göttingen: Vandenhoeck & Ruprecht, 2004) 14.
[10] Die Philosophie des Sokrates vollzog sich im Grunde eben auf der Ebene des Dialoges (*Mäeutik*), in der Begegnung von These und Antithese (cf. Figal 13).

Sokrates behauptete, dass niemand willentlich und bewusst etwas Böses beabsichtige. Nach seiner Vorstellung entsteht das Übel durch die Verfehlung den eigentlich guten Gedanken in die Tat umzusetzen. Unwissenheit um das erzeugte Leiden, das Heranführen an falsche Tugenden oder der Drang körperlichen Verlangens können dem Menschen die Sicht auf das eigentlich Sittenhafte versperren.[11] Dieses im Grunde positive Menschenbild verwundert, eingedenk der Tatsache, dass Sokrates wohl mehr als viele andere Philosophen, die ein weit weniger bejahendes Menschenbild entwickelten, in seinem Leben mehrmals Zeuge menschlicher Gräuel geworden sein muss: So nahm er als attischer Infanterist nicht nur an mehreren opferreichen Schlachten im Peloponnesischen Kriege teil, sondern er erlebte auch aus erster Hand die Morde der dreißig Tyrannen, welche nach der Niederlage Athens im Jahre 404 v. Chr. eine Terrorherrschaft etablierten.[12] Sein Leben und nicht zuletzt sein forcierter Selbstmord stehen dabei im augenscheinlichen Widerspruch zu seinem Glauben an das Gute im Menschen. Diese beiden Aspekte stehen sich als quasi antithetisch gegenüber und enden, wie die meisten seiner Dialoge, in Aporie. Aber genau diese Unauflösbarkeit, das fortwährende Abwegen der Gedanken, ist das Erbe seines Schaffens und der Ursprung des Nachdenkens über Gut und Böse.

Sein Schüler Platon knüpft an die Idee des immanent zum Guten tendierenden Menschen an. Er erkennt das Böse jedoch als aus der Welt der Dunkelheit geboren. All das, was unsere Sinne wahrnehmen, sind nur Erscheinungen der wahren Urbilder jener perzipierten Objekte. Was wir als seiend begreifen ist daher nur der Abglanz unveränderlicher Ideen (gr. *idea*, „das Urbild") und daher unfertig, schlecht.[13] Diese Konzeption der zwei Welten (Licht und Dunkelheit, Gut und Böse) sollte zum Grundstein der platonischen Philosophie werden.[14] Mithilfe des in seinem Werke *politeia* zu findenden Höhlengleichnisses – der wohl einprägsamsten Parabel eines philosophischen Entwurfes – verdeutlicht Platon seine Vorstellung von Gut und Böse: Vom Anbeginn des Lebens in einer Höhle gefesselt, sehen die

---

[11] Cf. Christian Thies, *Einführung in die philosophische Anthropologie* (Darmstadt: Wissenschaftliche Buchgesellschaft, 2004) 126.
[12] Cf. C.C.W. Taylor, *Socrates: A Very Short Introduction* (Oxford: OUP, 1998) 9-11.
[13] Cf. Carl-Friedrich Geyer, *Leid und Böses in philosophischer Deutung* (Augsburg: Verlag Karl Alber, 1983) 52 f.
[14] Zur Idee der zwei Welten wären an dieser Stelle die persischen Philosophen Zarathustra (zwischen 1000 und 600 v. Chr.) und Mani (3. Jh. n. Chr.) zu nennen. Beide vertraten ebenfalls die Idee einer Welt des Guten und des Böse, verwirklicht durch einem Lichtgott und einem Gott der Finsternis (Cf. Pieper 72 f.).

Menschen nur Schatten jener wahren Dinge (Ideen), deren Abbilder an die Felswand geworfen werden. Nach der Befreiung eines Einzelnen und seinen durch Zwang herbeigeführten Aufstieg vernimmt er die schmerzhafte (weil noch blendende) Erkenntnis jener Urbilder. Wieder hinabsteigend wird der erleuchtete Philosoph jedoch von den Unwissenden verspottet und zuletzt umgebracht.[15] Platon verweist hierbei auf das Licht als die Idee des Guten. Die Sonne ermöglicht den Menschen, die Dinge in ihrer ontologischen Reinheit zu begreifen. Die Tugend des zur Erkenntnis fähigen Individuums drückt sich in dessen Versuch aus, jene noch in der Welt des Scheins und der Dunkelheit (des Bösen) verharrenden ins Licht (einer höheren Seinsstufe) führen zu wollen. Das Böse, die Unwissenheit selbst, strebt diesem Erkenntnisgewinn entgegen und missinterpretiert den Versuch des Erkennenden als verwerflichen Akt.

Auch im Höhlengleichnis erkennt man also die Konzeption des Menschen, welcher lediglich aufgrund wider besseren Wissens Böses begeht. Das Gute ist gleichbedeutend mit dem Gewinn der Erkenntnis, dem Heranrücken (auch gewaltsam, wie dies mit dem Erkennenden im Gleichnis geschieht) der wahren Ideen jener Dinge der Welt des Lichts. Diese Konstellation wirft für den modernen Leser nicht wenige Fragen auf: Agiert der Mensch im Sinne des Guten und produziert das Übel der Welt quasi nur koinzident – also lediglich durch eine falsche Auslegung des Guten – so lassen sich doch schwerlich menschliche Taten wie Mord, Vergewaltigung oder Ähnliches erklären beziehungsweise in die Interpretation Platons und Sokrates integrieren.

Eine weitere Problematik scheint die oftmals überlesene, jedoch für die Auslegung essentielle Passage des „gewaltsamen"[16] aus der Höhle Hinausführens zu sein. Slezak weist darauf hin, dass Platon eben nicht mit einer Selbstbefreiung und auch nicht mit einem „Bedürfnis, die neue Freiheit mutig zu nutzen, rechnet"[17]. Die „Befreiung" des Gefesselten durch eine nicht näher bestimmte Person wirft zwangsläufig die Frage nach der Willensfreiheit des Menschen auf. Wenn es gestattet ist, das Individuum durch Gewalt, durch eine in sich also böse Tat zum Guten zu führen, dann bejaht Platon hier die Anwendung schlechter Mittel für

---

[15] Cf. Platon, *Der Staat*, Buch VII, 514 ff., ed. und übers. Otto Apelt (Hamburg: Felix Meiner Verlag, 1988) 268 ff.
[16] Ibid. 515c, 270.
[17] Thomas Alexander Szlezak, „Das Höhlengleichnis," *Platon Politeia: Klassiker Auslegen*, ed. Otfried Höffe (Berlin: Akademie Verlag, 2005) 208.

das Erreichen guter Zwecke. Ob diese dem Lichte gleichgesetzte Erkenntnis wirklich das Gute ist, oder eben nur von demjenigen, welcher die durch Zwang durchgeführte „Befreiung" verursacht hat, als jene deklariert und eben nur als gut bezeichnet wird, um seinen eigenen Zwecken dienlich zu sein, bleibt ebenfalls unbeantwortet und somit zumindest im Bereich des Möglichen. *„Does God want goodness or the choice of goodness? Is a man who chooses the bad perhaps in some way better than a man who has the good imposed upon him?"*[18], lässt Anthony Burgess den Gefängniskaplan in seinem Werk *A Clockwork Orange* fragen. Für Platon würde der Zweck die Mittel heiligen, für den modernen Betrachter dürfte diese Option jedoch höchst unzufriedenstellend sein.

Während für Platon also die erlangte Weisheit Äquivalent für die Erzeugung des Guten ist, konzentriert sich die Ethik des Aristoteles ganz auf den Begriff der Tugend und auf die Frage, wie selbige vom Einzelnen erlangt beziehungsweise diesem anerzogen werden könne. Nur auf diesem Wege könne der Mensch Glückseligkeit (gr. *eudaimonia*), das höchste Gut, erlangen:[19] „Das menschliche Gut ist der Tugend gemäße Tätigkeit der Seele...."[20] Ganz im Sinne des *zoon politikon*, des in der Gemeinschaft lebenden und handelnden Menschen, gilt für Aristoteles daher auch der Staat als Garant dafür, „die Bürger ... tugendhaft zu machen und fähig und willig, das Gute zu tun"[21]. Es bedarf also der Herrschaft, einer ordnenden Institution, einen „Gesetzgeber, der die Bürger durch Gewöhnung tugendhaft macht"[22].

Wenn Aristoteles also die Erziehung zur Tugend als Prämisse eines gerechten Lebens postuliert, bedeutet dies auch, dass im Umkehrschluss der Mensch ohne Anleitung ins Böse hinübergleiten müsste. Diese Ansicht lässt sich einordnen in die Thesen seiner Vorgänger. Ebenso lässt sich die Vorstellung der Konditionierung zum Guten mithilfe des Staates kritisieren. Denn was nun Tugend jenseits der Erlangung der Glückseligkeit in realiter zu bedeuten hat, darüber schweigt sich letztlich auch Aristoteles aus. „Wir werden durch gerechtes Handeln gerecht, durch Beobachtung der Mäßigkeit mäßig"[23], sind Behauptungen,

---

[18] Anthony Burgess, *A Clockwork Orange* (Stuttgart: Reclam, 1992) 131.
[19] Cf. Pauer-Studer 61.
[20] Aristoteles, *Nikomachische Ethik*, 1098a 17-18, ed. Günther Bien, übers. Eugen Rolfes, 4. Aufl. (Hamburg: Meiner, 1985) 12.
[21] Ibid. 1099c 32-34, 17.
[22] Ibid. 1103b 2-4, 27.
[23] Ibid. 1103b, 1-2, 27.

die nicht auf eine konkrete Vorstellung oder Definition jener Tugenden schließen lassen. Die Unmöglichkeit dieses Unterfangens räumt Aristoteles wenig später auch ein: „… dass jede Theorie der Sittlichkeit nur allgemeine Umrisse liefern und nichts mit unbedingter Bestimmtheit vortragen darf."[24] Neben der Kritik der Allmacht des Staates in den Belangen der Tugend darf auch nicht vergessen werden, dass Aristoteles, konträr zum modernen Gerechtigkeitsverständnis, die Demokratie als Herrschaft des Pöbels und damit als verachtenswert betrachtete.[25] Nicht zuletzt dieser Umstand sowie zum Beispiel auch seine Rechtfertigung der Sklaverei[26] bedingen den Gebrauch der aristotelischen Lehre bei der Suche nach dem Bösen nachhaltig.

Epikur (um 341 – 271) und die Philosophen der Stoa – Vom Nutzen der Unerschütterlichkeit

Epikur simplifiziert das Gute als all jenes, das Lust und Freude bereitet. Hierbei geht es ihm aber nicht um das zügellose Ausleben aller im Individuum drängenden Triebe, als vielmehr um einen kontrollierten Lebensgenuss. Dieser könne durch die Unerschütterlichkeit (gr. *ataraxia*) der menschlichen Seele erreicht werden. Das den Menschen widerfahrende Böse (Unglück, Krankheit, Alter, Schmerz) könne somit wenn nicht verhindert, so doch zumindest erträgbar gemacht werden.[27] In einem seiner Briefe konkretisiert Epikur dieses Lustprinzip und assoziiert es eng mit den von den klassischen griechischen Philosophen emphasierten Tugenden: „… es [ist] nicht möglich, lustvoll zu leben, ohne einsichtsvoll, vollkommen und gerecht zu leben…. Denn die Tugenden sind ursprünglich verwachsen mit dem lustvollen Leben, und das lustvolle Leben ist von ihnen untrennbar."[28] Eine Unausgeglichenheit zwischen dem Empfinden der Lust – bei Epikur gleichbedeutend mit dem Vermögen, Unlust ertragen zu können – entweder hinsichtlich dem völligen Fehlen dieser Fähigkeit oder eines übersteigernden Hedonismus, welcher den Trieben Vorrang vor Verstand und Vernunft einräumen würde, führe somit zu Leid und Übel. Epikurs Schluss wirft allerdings wiederum

---

[24] Ibid. 1104a 1-3, 28.
[25] Cf. ibid. 1161a 8-10, 199.
[26] Cf. Aristoteles, *Oikonomika*, 1344a 25 ff., ed. Hellmut Flashar und Ernst Grumach, übers. Renate Zoeppfle (Berlin: Akademie Verlag, 2006) 17 ff.
[27] Cf. Geyer 55.
[28] Epikur zitiert in Otfried Höffe, *Lesebuch zur Ethik: Philosophische Texte von der Antike bis zur Gegenwart*, 4. Aufl. (München: C.H. Beck, 2007) 107.

Fragen auf. So steht sein Theorem (gerechtes Handeln gleich Lustempfinden) im krassen Widerspruch zum oftmals beobachteten Phänomen des Lustempfindens durch Verursachen von Leiden – dem klassischen Sadismus.

An die Idee der *ataraxia* anknüpfend entstand die Schule der Stoa. Vertreter wie Seneca oder Marc Aurel priesen den Zustand der Freiheit von den Affekten, die Apathie. Hierbei gilt es, sich des verderblichen Einflusses sinnlicher Gelüste und weltlicher Zwänge zu entziehen, Schicksalsschläge als unabänderlich anzuerkennen.[29] In einem Ratschlag an seinen Freund Lucilius bringt Seneca die Maxime der Stoa in destillierter Form zum Ausdruck: Er fordert ihn auf, „nichts als einen Wert anzusehen, was entrissen werden kann"[30]. Diese Art radikaler Selbstgenügsamkeit wirkt auf den Leser wie ein mühsam zu erreichendes Ideal. Die Glückseligkeit gleichzusetzen mit der Vermeidung des Bösen durch die Abkehr von der selbstauferlegten Bindung an weltlichen Besitz, scheint schwer zu realisieren.

Einen wichtigen Grundstein legte die Stoa allerdings hinsichtlich jenes Aspektes, der die Menschen als gleichberechtigte Wesen betrachtet, welche in einem gemeinsamen Kosmos leben. So vertraten die Philosophen der Stoa den Gedanken des *logos*, eines allgemeingültigen Weltgesetzes, einer in sich stabilen Ordnung der Dinge, welche alle Menschen beseelt. Das Böse entstünde hierbei, analog zu Sokrates u.a., durch die Verfehlung des Menschen diese Ordnung der Welt zu begreifen und nach ihren Gesetzen zu leben.[31]

Augustinus (354-430) – Das Böse im Menschen

Augustinus gilt als einer der bedeutendsten Gelehrten des frühen Christentums. Seine Schriften und seine Philosophie beeinflussten nicht nur die Denker des Mittelalters, sondern sollten auch die Geisteswelt Europas nachhaltig prägen. Der in Nordafrika geborene und aufgewachsene Augustinus fand zunächst Erfüllung in der Philosophie Manis (siehe oben). Die Lehre der zwei Welten, so eben auch bei Platon, ermöglichte es den Menschen, den

---

[29] Cf. Malte Hossenfelder, *Die Philosophie der Antike: Stoa, Epikureismus und Skepsis*, 2. Aufl. (München: C.H. Beck, 1995) 47 ff.
[30] Seneca, *Briefe an Lucilius über Ethik*, Buch I, 9. Brief, 19, ed. und übers. Franz Loretto (Stuttgart: Reclam, 1987) 49.
[31] Cf. Geyer 55 und 57.

Ursprung für das Böse außerhalb ihrer selbst zu verorten. Augustinus betrachtete diese Philosophie nun aber zusehends als Rechtfertigung eigener Frevel, welche eben nicht mehr dem eigenen Willen, sondern einer fremden Macht zugeschrieben werden konnten. Die Behauptung der Unmöglichkeit der eigens verursachten Sünde erkannte er als eigentliches Übel dieser Welt.[32]

Augustinus erklärte sich und seinem Leser das Böse mithilfe einer seiner Jugendsünden: Ohne Hunger zu haben und somit rein aus Freude an der Tat stahl der spätere Bischof eine Hand voll Birnen. Diese Anekdote lässt sich plausibel mit der Geschichte der Vertreibung aus dem Paradies in Verbindung bringen.[33] Sowohl Augustin als auch Adam und Eva stahlen die Frucht wider besseres Wissen. Die Ur- und eben auch Erbsünde der ersten Menschen findet somit Widerhall in den Taten der nach ihnen geborenen. Das Böse ist somit im Menschen selber zu verorten. Erlösung von diesem Zustand könne der Mensch nur in völliger Hingabe zu Gott, der Quelle des Guten, erfahren: „Das Gute an mir ist dein Werk und dein Geschenk. Das Böse an mir ist meine Schuld und dein Gerichtsspruch."[34] Aber auch dann sei weder Erlösung noch die vollständige Befreiung vom Bösen gewährleistet, wie manch von innerer Qual berichtende Passage dem Leser der *Confessiones* eröffnet.

Das sich in der Welt befindliche Gute ist also gut von Gott geschaffen worden. Es unterläuft aber hierin einem Prozess der Abkehr jener göttlichen Reinheit ohne jedoch vollends vom Bösen durchdrungen sein zu können, denn dies würde die Existenz jenes Objektes verunmöglichen: „Alles, was Verderb erleidet, wird an Gut beraubt. Entfiele aber jeglich Gut bei einem Ding, so würde es überhaupt nicht mehr sein. ... Also ... jenes Böse, dessen Ursprung ich suchte, ist nicht Wesenheit; denn wäre es Wesenheit, so wäre es gut." [35]

Augustinus unternimmt also eine radikale Kehrtwende in puncto Menschenbild. Das Individuum sei weder befähigt von sich aus zum Guten zu gelangen – durch Erkenntnis oder Kontrolle der Affekte – noch könne es das unleugbare Wirken des Bösen einer dunklen Macht

---

[32] Cf. Helmut Kussäther, *Was ist gut und böse? Zur Grundlegung der Ethik* (Neukirchen-Vluyn: Neukirchener Verlag, 1979) 73 f.
[33] Cf. Larissa Carina Seelbach, „Confessiones: Augustin – Ein Birnendieb!," *Irrwege des Lebens: Augustinus, Confessiones 1 – 6*, ed. Norbert Fischer und Dieter Hattrup (Paderborn: Ferdinand Schöningh , 2004) 63.
[34] Augustinus, *Bekenntnisse*, Buch X, IV.5, ed. und übers. Kurt Flasch (Stuttgart: Reclam, 2008) 73.
[35] Augustinus, Buch VII, XII. 18, ed. und übers. Joseph Bernhart (München: Kösel Verlag, 1960) 338.

zuschreiben. Das Übel wird im Menschen selbst geboren und findet so seinen Zugang zur Welt.[36] Der Drang frevelvolle Taten zu begehen liegt daher in der Natur des Menschen, Erlösung kann nur erhofft werden durch die Gnade Gottes. Auch wenn dem Leser bei Augustinus eine vorbehaltlos christliche Ethik begegnet, so fand doch die Thematik des menschlichen Ursprungs des Bösen bei ihm seinen Anfang. Ein Gedanke, der später auch bei vielen der Religion kritischer gegenüberstehenden Denkern, wie Hobbes[37] oder Machiavelli, aufgegriffen und weiterentwickelt werden sollte.

2.2. Das Böse in neuzeitlicher Deutung

Immanuel Kant (1724 – 1804) – Das radikale Böse und das Primat der Freiheit

Nach dem Gedanken des Humanismus – vor allem vertreten durch Philosophen wie Erasmus von Rotterdam – und der Wende hin zur säkularen Schicksalsbestimmung des Menschen durch die von Rene Descartes oder John Locke geprägten Strömungen des Rationalismus und Empirismus, fand die Thematik der menschlichen Freiheit ihren Höhe- und Kristallisationspunkt in den aufklärerischen Philosophien des Immanuel Kant. Im Gegensatz zur christlich geprägten Philosophie eines Augustin zum Beispiel geht die moderne

---

[36] Kussäther weist darauf hin, dass selbst durch die Interpretationen des Augustinus das Problem der Theodizee (gr. „Rechtfertigung Gottes") nicht gelöst werden kann. Auf der Suche nach der Quelle des Leidens dieser Welt kann man entweder nur von einer dualen Konzeption ausgehen (Platon, Mani u.a.) und somit Gott als Licht der Welt und den Menschen freisprechen, oder aber man bezieht sich auf Gott als Schöpfer allen im Kosmos Seienden. Im ersten Falle würde der Mensch seiner Willensfreiheit beraubt und Objekt jener Mächte des Lichtes oder der Dunkelheit sein. Letzterem Theorem entsprechend steht dem Menschen die Freiheit der eigenen Entscheidung zu, jedoch kann es dann die Frage, warum der Mensch als Wesen Gottes die Fähigkeit zum Bösen in sich trägt, nicht vorbehaltlos beantworten (cf. Kussäther 74). Auch Gottfried Wilhelm Leibnitz (1646 – 1716) beschäftigte sich mehr als tausend Jahre später mit der Frage der Theodizee. Er kam zu dem Schluss, dass Gott das Böse zulassen würde, um dadurch ein noch größeres Übel verhindern zu können. Desweiteren würde Gott sich selbst verneinen – gegen seine Weisheit und Güte verstoßen – hätte er den Menschen als ein nicht zum Bösen fähiges und darum programmiertes Wesen geschaffen. Die Option der bösen Tat ist also der Preis für Vernunft, freier Willensentscheidung und der göttlichen Ordnung des Kosmos (cf. Pieper 68). Auch dies löst natürlich nicht die Frage, warum denn der Mensch, zur Option Leiden zu erzeugen befähigt, sich eben dafür auch entscheiden sollte. Auch der Schluss, Böses verhindere noch schlimmeres Übel, dürfte den Leser des 21. Jh. nach Ereignissen wie Auschwitz oder Hiroshima kaum überzeugen.

[37] So behauptet Thomas Hobbes zum Beispiel, dass der Mensch lediglich aufgrund der gegenseitigen Furcht voreinander Bindungen miteinander eingehen müsse. Diese Furcht wiederum gründet sich auf den Willen, dem anderen Schaden zuzufügen. Diese Absicht sei eine anthropologische Konstante (cf. Thomas Hobbes, *Vom Menschen*, ed. Günter Gawlick (Hamburg: Meiner, 1994) 79f.).

Philosophie wieder, analog zu den Lehrsätzen der Antike, von der Befähigung des Menschen aus, sich aus reiner Verstandeskraft von der Tendenz Böses zu tun befreien zu können. Kant sprach diesbezüglich von der Anlage (angeborene Dispositionen) und dem Hang der durch unsere Verantwortung in Erscheinung tretenden Verhaltensweisen.[38] Im Hang läge die eigentliche Wurzel allen Übels, da er „der subjektive Grund der Möglichkeit der Abweichung der Maximen vom moralischen Gesetze"[39] sei. Dieses moralische Gesetz, das den Grundstein der kantschen Ethik bildet, ist nun wiederum Folgendes: „Handle nur nach derjenigen Maxime, durch die du zugleich wollen kannst, dass sie ein allgemeines Gesetz werde."[40] Heißt also: Tue niemandem etwas an, von dem du auch nicht möchtest, dass jemand Anderes es dir zufügte.

Die Verletzung jenes Urprinzips aller Sitten kann nach Kant durch dreierlei Dinge („Stufen") hervorgerufen werden: Zum einen benennt er die „Schwäche" der Menschen, welche sich dahingehend äußert, dass die Maxime wohl bekannt, aufgrund der „Gebrechlichkeit der menschlichen Natur" aber nicht erfüllt werden kann. Die nächste Stufe bezeichnet er als „Unlauterbarkeit", der Hang zur Kombination von moralischen und unmoralischen Absichten. Hier ist vor allem die „pflichtgemäße Handlung" gemeint, die jedoch „nicht rein aus Pflicht getan" wird. Zuletzt die reine „Bösartigkeit", die völlige Hinwendung zur bösen Maxime um ihrer selbst willen.[41]

Da die Anlage zum Verständnis des moralischen Gesetzes sowie das Böse im Menschen ihre Manifestation finden, müssen beide gleichzeitig im Individuum präsent sein. Der Unterschied in der Handlungsweise des Einzelnen bestünde aber nunmehr in der Unterordnung der einen Maxime unter die andere. Die Entscheidung, Böses zu tun, ist nach Kant kausale Folge der primären Entscheidung des Menschen, das moralische Gesetz der Selbstliebe unterzuordnen.[42] Der Entschluss, Böses zu tun, i.e. nicht im Sinne des

---

[38] Cf. Thies 126.
[39] Immanuel Kant, *Die Religion innerhalb der Grenzen der bloßen Vernunft*, Erstes Stück [sic], II. [21] 10-11, ed. Karl Vorländer, 5. Aufl. (Leipzig: F. Meiner, 1922) 29.
[40] Kant, *Grundlegung zur Metaphysik der Sitten*, ed. Hans Ebeling (Ditzingen: Reclam, 1996) 40-41.
[41] Cf. Kant, *Die Religion innerhalb der Grenzen der bloßen Vernunft*, ibid. [21] 21-[23] 29, 29-30.
[42] Cf. ibid. III. [34] 4-17, 37-38. August Wilhelm Schlegel (1767 – 1845) greift diesen Gedanken der Freiheit zum Bösen auf und postuliert sogar, dass lediglich die Entscheidung zum Bösen dem Prinzip der Freiheit entsprechen würde. Die Option des Guten hingegen würde den Menschen in eine Lage der Abhängigkeit von jenen

kategorischen Imperativs[43] zu handeln, ist also jedem Menschen vorbehalten: „Was der Mensch im moralischen Sinne ist oder werden soll, gut oder böse, dazu muss er sich selbst machen oder gemacht haben."[44] Das Bewusstsein der absoluten Selbstverantwortlichkeit des Menschen ist dabei der bahnbrechende Gedanke Kants, welcher zum Geist des aufgeklärten Europas werden sollten. Das Individuum ist im Besitz eines *voluntas*, welcher, gegeben keine andere Kraft (Staat etc.) oktroyiert ihre Herrschaft auf unbillige Weise, dem Menschen ungeahnte Möglichkeiten eröffnet. Auf der anderen Seite konstatiert Jean-Paul Sartre aber auch, dass dieser Zustand den „Schrecken der Freiheit"[45], i.e. Verantwortung der eigenen Tat gegenüber, impliziert.

Arthur Schopenhauer (1788 – 1860) – Die Hölle des Willens

Während die Philosophen des alten Griechenland und Rom für das Negative im Menschen nur ein sprachliches Äquivalent, *kakon* beziehungsweise *malum*, besaßen, entwickelte Schopenhauer die für uns äußerst wichtige Unterscheidung vom Bösen und vom lediglich Schlechten. Während der Altruist gewillt ist, fremdes Glück auf Kosten des eigenen zu erzeugen, verfährt der Schlechte (Egoist) in umgekehrter Weise. Der Böse hingegen generiert fremdes Leid, ohne dadurch direkte Vorteile zu erlangen. Er ergötzt sich also an der Not als solcher.[46] Auch wenn letzteres Phänomen nicht erst seit den Schriften des Marquis de Sade eine nähere Beschreibung gefunden haben dürfte, so ist die Unterteilung dieser in ihren Qualitäten unterschiedlichen Erscheinungen für die menschliche Psychologie betreffenden Untersuchungen essentiell.

Majoritäten drängen (Gesellschaft etc.), die solch eine Entscheidung notwendigerweise befürworten (cf. Zehm 157).
[43] Kants Prinzip des kategorischen Imperativs kann als das *intrinsisch Gute* bezeichnet werden (deontologisch). Der Gute Charakter einer Tat bestimmt sich daher nicht durch das Ergebnis jener Handlung, sondern durch die Kompatibilität der Absicht mit einer (fiktiven) allgemeinen Gesetzesordnung. Kants Ethik steht somit im Gegensatz zum Utilitarismus, eine auf den Zweck gerichtet Philosophie (teleologisch), wonach die Tat eben nicht nach der Absicht, sondern nur nach seiner Folge zu beurteilen sei (ist Gutes hinzugefügt worden?). Letztes würde Kant *per definitionem* wohl zur Stufe der Unlauterbarkeit zählen.
[44] Cf. ibid. IV [48] 29-31, 47.
[45] Jean-Paul Sartre zitiert in Zehm 88.
[46] Cf. Thies 125.

Wesentlicher für die Philosophie Schopenhauers sind jedoch die von ihm entwickelten Gedanken zum Willen des Menschen. In seinem Hauptwerk *Die Welt als Wille und Vorstellung* knüpft er an die von Platon und Kant entwickelte Idee von den zwei Welten, der Dinge an sich auf der einen und der bloßen Erscheinungen auf der anderen Seite, an. Im Gegensatz zu Kant aber rückt Schopenhauer den Willen als allen Dingen innewohnende und daher die Welt definierende Substanz in den Mittelpunkt: „Sobald das Erkennen, die Welt als Vorstellung, aufgehoben ist, bleibt überhaupt nichts übrig, als bloßer Wille, blinder Drang."[47] Dieser unersättliche Wille sei es, dessen Erfüllung eine kurzzeitige Suspension vom Leid des unerfüllten Zustandes verschafft. Gleich einer Hydra jedoch erwächst aus dem gestillten Verlangen eine Vielzahl neuer Begehren: „Alles Wollen entspringt aus Bedürfnis, also aus Mangel, also aus Leiden. Diesem macht die Erfüllung ein Ende; jedoch gegen einen Wunsch, der erfüllt wird, bleiben wenigstens zehn versagt…. … es [das Objekt des Willens] gleicht immer nur dem Almosen, das dem Bettler zugeworfen, sein Leben heute fristet, um seine Qual auf Morgen zu verlängern."[48]

So treibt der Wille das Individuum durch ein Leben temporärer Pseudobefriedigung. Die menschliche Existenz ist daher nichts als ein Springen von einem Zustand des Leidens zum nächsten. In dieser Welt des absoluten Pessimismus kann dem Bösen also nie absolut entgegengetreten werden. Der Drang zu immer neuer Befriedigung ist die Quelle allen Leidens und allen Bösen dieser Welt. Eine Atempause aus jener Verfangenheit ergibt sich lediglich in der schon von der Stoa postulierten Askese. Nur dadurch könne die Allmacht des Willens unterbrochen werden.[49]

In Schopenhauers Mitleidsethik ist ein weiterer Bezug zu Kant zu erkennen. Im Gegensatz zum kategorischen Imperativ als Ursprung des sittlichen Handelns stellt Schopenhauer jedoch das Mitleid ins Zentrum der moralischen Tat. „Den Grundsatz der Ethik" beschreibt Schopenhauer ähnlich aphoristisch wie zuvor Kant: „*Neminem laede, immo*

---

[47] Arthur Schopenhauer, *Die Welt als Wille und Vorstellung*, Band 1, 3. Buch, § 33, ed. n.n. (Norderstedt: Grin, 2009) 18.
[48] Ibid. § 38, 35.
[49] Cf. Birgit Erika Kretzer, *Zur Symbolik des Bösen: Weltanschauliche und religiöse Aspekte in der amerikanischen Kurzgeschichte des 19. und 20. Jahrhunderts* (Aachen: Karin Fischer, 1996) 18.

omnes, quantum potes, juva!"⁵⁰ Wenn die Erscheinung des Menschen auf eine gemeinsame Idee des Menschen, sein Urbild, sein Ding an sich, zurückzuführen ist, dann muss notwendigerweise auch eine metaphysische Identität jener Phänomene angenommen werden.⁵¹ Die gute Tat dem anderen, auch unbekanntem Menschen gegenüber begründet sich also dadurch, dass jener als Teil unserer selbst, wenn auch nur unterbewusst in der Welt der Ideen verortet, wahrgenommen wird. Dieser Schluss bedeutet eine Weiterentwicklung des kantschen Prinzips. Schopenhauer wendet sich ab vom Primat der Ratio und legt zugleich den Grundstein ethischen Handelns aufgrund menschlichen Empathieverständnisses.

Friedrich Nietzsche (1844 – 1900) – Der Umwerter aller Werte

Auch für die Philosophie des aus einer Pfarrersfamilie stammenden Nietzsche war Schopenhauer in vielerlei Hinsicht maßgebend. Im Gegensatz zu ihm Begriff er den Menschen jedoch nicht als Sklave des eigenen Willens, sondern postulierte vielmehr eine vom Kampfe geprägte „Welt, deren Essenz Wille zur Macht ist". Demgemäß sei Schopenhauers Prinzip nicht nur „sentimental", sondern sogar „abgeschmackt-falsch"⁵². Doch Nietzsches Kritik endet nicht bei seinen Zeitgenossen. Vielmehr wächst sie sich aus zu einer fundamentalen Ablehnung aller bisher gelehrten Ethik. Seine Philosophie wird daher von vielen als Zeitenwende oder, wie Gottfried Benn es ausdrückte, als „Erdbeben der Epoche"⁵³ betrachtet.

Nietzsche unternimmt nicht bloß den Versuch, eine eigene Interpretation der Morallehre zu entwickeln, er stellt die Idee der Moral als solche in Frage. Für ihn gibt es keine transzendentale Macht, die für das durch Menschen erkennbare Gute verantwortlich sein könnte. Auch ein Naturrecht des Menschen lehnt er ab, da dieses dem Sinne der Biologie selbst widerspräche. Natur sei Ordnung und in diesem Sinne Über- und Unterordnung der

---

[50] „Verletze niemanden, vielmehr allen, soweit du kannst, hilf!" Arthur Schopenhauer, *Die beiden Grundprobleme der Ethik* (Leipzig: Brockhaus, 1860) 137. 17.09.2011
<http://books.google.com/books?id=feEFAAAAQAAJ&printsec=frontcover#v=onepage&q&f=false>.
[51] Cf. Bryan Magee, The Philosophy of Schopenhauer (Oxford: OUP, 2002) 199 und 453.
[52] Friedrich Nietzsche, *Jenseits von Gut und Böse: Vorspiel einer Philosophie der Zukunft* (Augsburg: Goldmann, 1999) 77.
[53] Zitiert in Helmut Berthold, *Die Lilien und den Wein: Gottfried Benns Frankreich* (Würzburg: Königshausen und Neumann, 1999) 136.

Individuen. Der Gedanke der Moral wurde daher auch von denen postuliert, die sich einen Schutzmechanismus gegen jene zu entwickeln genötigt sahen, deren natürliche Überlegenheit sie unter ein Joch der Sklaverei hätte zwingen müssen. Moral ist daher im innersten Sinne nichts anderes als Sklavenmoral.[54] Die von den Menschen als gültig angenommenen und daher seit Jahrhunderten nicht hinterfragten Konzeptionen von Gut und Böse seien vielmehr menschliche Kreationen, die ursprünglich als bloße Existenzgaranten der jeweils Unterdrückten aufgestellt und im Laufe der Zeit mit unumstößlicher, kanonischer Gültigkeit versehen wurden.

Eine für den Einzelnen am schwersten wiegende, weil der Natur am radikalsten entgegentretende Gesetzmäßigkeit, sei dabei die Kontrolle der Instinkte und des Willens. Nur dadurch glaubt der Mensch, das inhärente Böse im Zaum halten zu können. In Wahrheit degradiert sich jedoch der von der Natur aus zum Höheren bestimmte Mensch und ordnet sich ein in ein System widersinniger Gleichmacherei.[55] Nietzsche wendet sich daher auch vehement gegen alle Tugendlehrer und Moralprediger seiner Zeit: „Ach wie übel ihnen das Wort ‚Tugend' aus dem Munde läuft! Und wenn sie sagen: ‚ich bin gerecht', so klingt es immer gleich wie: ‚ich bin gerächt!' Mit ihren Tugenden wollen sie ihren Feinden die Augen auskratzen; und sie erheben sich nur, um andere zu erniedrigen."[56]

Friedrich Nietzsche wandte sich auf bis dato unbekannte Weise gegen alles die Welt verneinende. Seine Kritik wandte sich daher vor allem gegen jene, die die Existenz des Menschen auf die Vorbereitung für ein jenseitiges Reich reduzieren wollten. Nietzsche erhob im Gegensatz dazu den Drang des diesseitigen Schaffens zur obersten Maxime seiner Philosophie. In seinem Hauptwerk *Also sprach Zarathustra* entwickelte er eine Vorstellung vom Menschen, der ungeachtet alter Moralvorstellungen mithilfe seines Willens die Menschheit aus der Gegenwart heraus zu einer neuen Entwicklungsstufe führen sollte: „*Ich lehre euch den Übermenschen. Der Mensch ist etwas, das überwunden werden soll. … Was groß ist am Menschen, das ist, dass er eine Brücke und kein Zweck ist: was geliebt werden*

---

[54] Cf. Zehm 50 und 169.
[55] Cf. Pieper 91 und 94.
[56] Friedrich Nietzsche, *Also sprach Zarathustra* (Frankfurt am Main: Insel Verlag, 2000) 97.

kann am Menschen, das ist, dass er ein *Übergang* und ein *Untergang* ist. ... Ich sage euch: man muss noch Chaos in sich haben, um einen tanzenden Stern gebären zu können."[57]

Der Gedanke des Übermenschen sollte später missinterpretiert und als Legitimation der Aussetzung der Menschlichkeit herangezogen werden. Was Nietzsche aber zum Ausdruck bringen wollte, war vielmehr das „Ja" zum Leben, die Entfesselung des Willens und die Erschütterung scheinbar unantastbarer Denkstrukturen. Die Frage nach Gut und Böse verortet er hierbei auf der Ebene einer neuen Dialektik: „Aber es ist mit den Menschen wie mit dem Baume. Je mehr er hinauf in die Höhe und Helle will, umso stärker streben seine Wurzeln erdwärts, abwärts, ins Dunkel, Tiefe – ins Böse."[58] Gut und Böse deklariert er daher nicht als sich ausschließende Komponenten, sondern vielmehr als sich bedingende Faktoren.

In seiner Radikalität muss Nietzsches Philosophie zwangsläufig auch auf Widersprüche von Seiten des modernen Betrachters stoßen. Seine Vorstellung, dass „Verlangen nach Zerstörung, Wechsel, Werden Ausdruck der übervollen, zukunftsschwangeren Kraft sein kann"[59], wirkt vor dem Hintergrund der nach ihm eingetretenen Ereignisse als nicht zu Ende gedachte. Diesbezüglich formulierte auch Thomas Mann im Jahre 1947 folgende Schlussfolgerung: *„How bound in time, how theoretical too, how inexperienced does Nietzsche's romanticizing about wickedness appear ... today! We have learned to know it in all its miserableness."*[60]

Was Nietzsche dennoch einen Platz unter jenen einräumt, die für den Begriff unserer heutigen Ethik, in deren Zentrum die Würde des Menschen steht, verantwortlich sind, ist sein Hinwendung zur Entfaltung der Persönlichkeit des Individuums. Trotz aller Widrigkeiten der Existenz betont er die Bedeutung des einzelnen Menschen als schaffendes Subjekt. In dieser Hinsicht war und bleibt Nietzsche einer der schärfsten Verfechter für das im Menschen Einzigartige und Außergewöhnliche – das Gute. Seine Akzentuierung des Individuellen wird zur Anklage gegen jedes totalitäre Regime, dessen Festhalten an Moralvorstellungen in Zukunftsfeindlichkeit und Unterdrückung umschlägt.

---

[57] Ibid. 14, 16 und 18.
[58] Ibid. 45.
[59] Friedrich Nietzsche, *Die fröhliche Wissenschaft* (Augsburg: Goldmann, 1999) 234.
[60] Thomas Mann, *Nietzsche's Philosophy in the Light of Contemporary Events* (Washington: Library of Congress, 1947) 35.

Sigmund Freud (1856 – 1939) – Die Entdeckung des „Es"

Sigmund Freud gilt nicht nur als Vater der Tiefenpsychologie und Traumdeutung, seine Ergebnisse der Psychoanalyse durchdrangen nahezu jede Disziplin der Geisteswissenschaft des 20. Jahrhunderts. Besondere Bedeutung erlangten hierbei die von Freud entwickelten Kategorien des „Ich", „Es" und „Über-Ich". Vereinfacht kann das Verhältnis der drei wie folgt dargestellt werden: Während das „Es" die unbewusste Triebstruktur des Menschen repräsentiert, deren Dynamik auf fortwährende Befriedigung drängt, übernimmt das „Über-Ich" die Rolle der moralischen Instanz. Zwischen diesen beiden Extremen befindet sich das dem Bewusstsein zuzuordnende „Ich", welches nicht nur für die Vermittlung der Realität, sondern eben auch für den Ausgleich zwischen Trieb und Gewissen verantwortlich ist.[61]

Die für diese Untersuchung interessante Ebene ist hierbei diejenige des „Es", welche sich nach Freud in die Antagonisten des Liebestriebes (*Eros*) und des Todestriebes (*Thanatos*) differenzieren lässt. Während der Liebestrieb der Ursprung für die Bindungen verschiedenster Konstituenten ist, verursacht der Todestrieb das genaue Gegenteil – die Auflösung fester Einheiten und damit die Vernichtung derselbigen. Der *Thanatos* könne dabei nicht niedergerungen, seine zerstörerische Kraft lediglich umgeleitet werden. Um der Selbstvernichtung zuvorzukommen, ist das Individuum also genötigt den Trieb der Zerstörung auf andere Objekte zu richten. Für Freud ist der Todestrieb das größte Hindernis für die Etablierung funktionierender Gesellschaften.[62]

Freud unterscheidet hierbei drei mit diesem Todestrieb in Verbindung zu setzende Arten des Bösen. (1) Zunächst gibt es das Böse, welches sich aus der narzisstischen Kränkung generiert: Durch die Verweigerung des Lustobjektes wird der Trieb von außen behindert. (2) Daraus resultiert das Böse, das zur Reaktion auf diesen Zustand drängt: Die Macht, welche die Verhinderung der Trieberfüllung zu verantworten hat, muss beseitigt werden. (3) Jene Macht, die gesellschaftliche Autorität, welche im „Über-Ich" ihren Niederschlag findet, wird selbst als das „kollektive Böse" bezeichnet.[63] Rene Girard postuliert noch eine weitere Gestalt des Bösen. Diese vierte Form äußert sich in den Opferritualen verschiedener Zivilisation. Durch

---

[61] Cf. Irene Berkel, *Sigmund Freund* (Paderborn: Wilhelm Fink, 2008) 77.
[62] Cf. Anthony Storr, *Freud: A Very Short Introduction* (Oxford: OUP, 1989) 66 ff.
[63] Cf. Pieper 32 f.

diese Bräuche würde der Versuch unternommen, die „heiße Gewalt" im Namen einer obersten Instanz (Gott) zu „domestizieren".[64]

Nach Freud entsteht das Böse also neben der im *Thanatos* verankerten Veranlagung zur Selbst- und Fremdzerstörung vor allem durch die Verhinderung des Lustempfindens. Sein Schüler Erich Fromm schließt sich dieser Interpretation an, wenn er schreibt: „Der Destruktionstrieb ist die Folge eines ungelebten Lebens. Die individuellen und gesellschaftlichen Bedingungen, die eine solche Blockierung der lebensfördernden Energie bewirken, bringen den Destruktionstrieb hervor, der seinerseits zur Quelle der verschiedenen Manifestationen des Bösen wird."[65] Konrad Lorenz bedient sich hierbei des Begriffes der *Katharsis*, um Möglichkeiten – zum Beispiel durch sportlichen Wettkampf – der Aggressionsbewältigung aufzuzeigen.[66] Jedoch fügt Lorenz auch hinzu, dass die menschliche Zivilisation in ihrem Tempo Gesellschaften schafft, in welchen die dieser Geschwindigkeit nicht gewachsene Triebstruktur als Atavismus früherer Daseinsformen im immer stärkeren Kontrast zur Lebenswelt des Menschen steht: „Es ist mehr als wahrscheinlich, dass die *bösen* [meine Kursierung] Auswirkungen der menschlichen Aggressionstriebe … ganz einfach darauf beruhen, dass die intra-spezifische Selektion dem Menschen in grauer Vorzeit ein Maß von Aggressionstrieb angezüchtet hat, für das er in seiner heutigen Gesellschaftsordnung kein adäquates Ventil findet."[67]

Herbert Marcuse (1898 – 1979) und die Frankfurter Schule – Die Verteidigung des *Eros*

Eine Weiterentwicklung um die Theorie der inneren Triebe und der Gefahren repressiver Gesellschaften fand ihre Manifestation in den Schriften der Frankfurter Schule. Geprägt von den totalitären Regimen der ersten Hälfte des 20. Jahrhunderts erdachten Philosophen und Soziologen wie Max Horkheimer, Theodor W. Adorno, Erich Fromm oder eben Herbert Marcuse eine der radikalsten Auseinandersetzungen mit der bestehenden westlichen Kulturindustrie (Kritische Theorie).

---

[64] Cf. Thies 128.
[65] Erich Fromm, *Psychoanalyse und Ethik* (Frankfurt am Main: Ullstein, 1978) 234.
[66] Cf. Lorenz 373.
[67] Lorenz 341.

Die Wissenschaftler der Frankfurter Schule warnten vor einer Entmenschlichung einer sich vollends der Rationalität unterwerfenden, technokratischen Industriegesellschaft. Das Böse sei daher nicht ursprünglich im Menschen zu verorten, sondern in den defizitären gesellschaftlichen Verhältnissen zu suchen.[68] Aufklärung, der Innbegriff europäisch-humanistischer Geistesentwicklung, die Entfesselung rationellen Denkens, der „Ausweg des Menschen aus seiner selbstverschuldeten Unmündigkeit"[69] wird vom Begriff maximal zu erstrebender Menschheitserlösung zur Quelle herrschaftlicher Unterdrückung. Zu Beginn ihres Hauptwerkes *Dialektik der Aufklärung* konstatieren Horkheimer und Adorno ernüchternd: „Die vollends aufgeklärte Erde strahlt im Zeichen triumphalen Unheils. Das Programm der Aufklärung war die Entzauberung der Welt." Was also mit der Entmachtung dogmatisch-religiöser Enge begann, endete in einer „Entzauberung der Welt durch die Ausrottung des Animismus."[70]

Der Mensch als sich in Freiheit lebend glaubendes Individuum ist in Wahrheit subsumiert unter einer alles umfassenden Vorstellung rationaler Berechenbarkeit. Die Zahl und die mathematische Gleichung, der Positivismus, als neuer Götze der Menschheit bezeichnet das sich ihm alles unterwerfende Gebot einer pseudo-liberalisierten Gesellschaft.[71] Der Humanismus der modernen Industriegesellschaft entpuppt sich daher als materialisierte Allmacht einer Gesellschaft, welche durch Tabellen, Verordnungen, fixierte Vorstellungen, Effektivität und strukturierte Prozesse gekennzeichnet ist. Die Unterordnung geistiger Phantasie, des unorthodoxen Gedankens, unter die allgebietende Logik rationaler Vernunft und industrieller sowie lebensnotwendiger Kalkulation entfaltet und etabliert eine Gesellschaft mechanisierter Technokratie. Diese ist nicht nur durch den technischen Prozess als allbestimmendes Diktat, sondern eben auch durch eine fundamentale Veränderung der menschlichen Psyche gekennzeichnet. Horkheimer und Adorno gehen mit ihrer Analyse so weit zu behaupten, dass die unbedingte Funktionalisierung, mit welcher sich der Mensch nur

---

[68] So auch Rousseau (cf. Hannah Arendt, *Über das Böse: Eine Vorlesung zu Fragen der Ethik* (München: Piper, 2003) 55).
[69] Immanuel Kant zitiert in Max Apel und Peter Ludz, *Philosophisches Wörterbuch* (Berlin: de Gruyter, 1976) 37.
[70] Max Horkheimer und Theodor W. Adorno, *Dialektik der Aufklärung*, 17. Aufl. (Frankfurt am Main: Fischer, 2008) 9 und 11.
[71] So auch Martin Heidegger in Zehm 19.

noch zu identifizieren vermag, die eigentliche Voraussetzung für die Möglichkeit eines Entstehens faschistischer Strukturen (und in der Folge eben auch Auschwitz) darstellt.[72]

Aufklärung wird im industriellen Zeitalter also zum Eingang des Menschen in seine selbstverschuldete Unmündigkeit. Nur diesmal erscheint diese nicht als wahrzunehmende Unterdrückung, welche sich in Form eines absolutistischen Herrschers subjektivieren lassen könnte, sondern durchdringt in sublimer Raffinesse jede Faser menschlicher Existenz und erreicht damit die Grenze der menschlichen Wahrnehmungskapazität. Die repressive Gewalt (das Böse) manifestiert sich vollends im Erschöpfen des Individuums im *homo oeconomicus*: „Es gibt keinen Unterschied zwischen dem wirtschaftlichen Schicksal und den Menschen selbst. Keiner ist etwas anderes als sein Vermögen, sein Einkommen, seine Stellung, seine Chancen. … Jeder ist so viel wert wie er verdient…."[73]

Aber auch in seiner scheinbaren arbeitsfreien Zeit vermag der Mensch dieser Systematik nicht zu entrinnen. Das Individuum ist einem gnadenlosen „Terror von Reklame und Vergnügen" exponiert, „wie er an einem gefangenen Publikum verübt wird"[74]. Die Satisfaktion innerer Triebinstinkte wird künstlich erzeugt. Die Kräfte des „Es" werden kanalisiert. Zum Zwecke einer inneren Katharsis potentiell revolutionärer Energien werden mithilfe behavioristischer Verhaltensweisen künstliche Bedürfnisse vorgelebt und antrainiert. Die Gesellschaft *„turns waste into need"* oder um es beim Beispiel zu nennen: *„they* [die Menschen] *find their souls in their automobiles.*"[75]

In dieser Welt der Undifferenzierbarkeit von Natur und Technik sowie der Konzentration des „Es" auf den durch militärische und staatliche Gewalt nach außen getragenen *Thanatos* wird derjenige, der Selbstentfaltung mithilfe des *Eros* sucht, als Abart jenes Gesellschafts- und wahrgenommenen Naturzustandes desavouiert: „In einer verdrängenden Sozialordnung, die die Gleichsetzung von normal, gesellschaftlich nützlich und gut fordert, müssen die Manifestationen der Lust um ihrer selbst willen als ‚Blumen des

---

[72] Cf. Julian Roberts, „The Dialectic of Enlightenment," *The Cambridge Companion to Critical Theory*, ed. Fred Rush (Cambridge: CUP, 2004) 57 ff.
[73] Horkheimer und Adorno 220.
[74] Herbert Marcuse, *Ideen zu einer Kritischen Theorie der Gesellschaft* (Frankfurt am Main: Suhrkamp, 1969) 162.
[75] Herbert Marcuse, *One-Dimensional Man*, 2. Aufl. (New York: Routledge, 1991) 11.

Bösen' erscheinen."[76] In Wahrheit sei aber jene Triebstruktur des Schaffens „größerer Einheiten des Lebens" das basale Fundament der menschlichen Moral.[77]

Um jenen *Eros* zur freien Entfaltung verhelfen zu können, muss der Mensch seine Existenz negieren und versuchen, eine Nische jenseits der gesellschaftlichen Zwänge, ein Refugium, zu finden.[78] Aus diesem heraus wäre eine Negation des Bestehenden, ein Erdenken einer neuen Gesellschaft möglich. Marcuse, der noch am ehesten jene neue Gesellschaft konkret zu umschreiben wagte, postuliert diesbezüglich auch, dass „wenn sie [die Unterdrückten] Gewalt anwenden, sie keine neue Kette von Gewalttaten beginnen, sondern die etablierte zerbrechen."[79] Hier liegt auch die Crux der Kritischen Theorie. Denn um die etablierte Norm, das den Menschen bevormundende Böse, durchbrechen zu können, muss der Mensch auf eben jene Mittel der Unterdrückung zurückgreifen – Gewalt. Auch wenn Marcuse diesen Akt als vorübergehend bezeichnet, so stellt sich doch die Frage nach der Instrumentalisierung jener „vorübergehenden Gewalt" – *who watches the watchmen*?

Ein weiterer Kritikpunkt ist die Behauptung, dass die freie Entwicklung allein, vom Trieb gesteuert, den Menschen auf eine höhere Zivilisationsstufe geprägt vom Frieden manövrieren würde. Die Experimente der antiautoritären Erziehung scheinen das Gegenteil zu beweisen. Auch wenn der *Eros* von den Herrschenden zugunsten des *Thanatos* unterdrückt wird, so würde doch zwischen diesen beiden Extremen, würde die Herrschaft aufgelöst, immer noch eine Balance bestehen – der *Thanatos* also immer noch wüten, der Mensch dem Menschen ein Wolfe bleiben. Eine „Über-Ich"-Instanz, wie auch immer geartet, bleibt also notwendig. Was Marcuse, Adorno und den anderen Philosophen der Frankfurter Schule allerdings gelingt, ist ein Aufruf zum Um- und Überdenken der eigenen Position im fixiert erscheinenden Gesellschaftsbild. Das Schaffen neuer Perspektiven und das Hinterfragen, das Negieren, dessen was vom öffentlichen Tenor als Gut und Böse deklariert wird, ist

---

[76] Herbert Marcuse, *Triebstruktur und Gesellschaft: Ein philosophischer Beitrag zu Sigmund Freud* (Frankfurt am Main: Suhrkamp, 1970) 54.
[77] Herbert Marcuse, *Versuch über die Befreiung* (Frankfurt am Main: Suhrkamp, 1969) 25.
[78] Cf. Marcuse, *One-Dimensional Man* 260.
[79] Herbert Marcuse, „Repressive Toleranz," *Kritik der reinen Toleranz*, ed. Robert P. Wolff, Barrington Moore und Herbert Marcuse (Frankfurt am Main: Suhrkamp, 1966) 127.

Grundmaxime der Kritischen Theorie und Grundlage der Möglichkeit der freien Entfaltung des Menschen.

Hannah Arendt (1906 – 1975) – Die Banalität des Menschheitsverbrechens

Während sich die *Dialektik der Aufklärung* (1944) noch wie ein Menetekel des zu schon dieser Zeit stattfindenden, der Weltöffentlichkeit jedoch noch nicht bewusst gewordenen Genozides der Nationalsozialisten liest, reflektiert Hannah Arendt jene Geschehnisse des ultimativen Bösen in Retrospektive. Die Deutschjüdin konstatiert gleichsam der Kritischen Theorie eine den totalitären Regimen innewohnende Dehumanisierung: „Dass es im Westen des totalen Herrschaftsapparates und vielleicht in der Natur jeder Bürokratie liegt, aus Menschen Funktionäre und bloße Räder im Verwaltungsbetrieb zu machen und sie damit zu entmenschlichen …."[80] Thies weist darauf hin, dass diese Entwicklung eine Prämisse für das Ausschalten des menschlichen Gewissens darstellt, denn „Feinde sind [immer noch] vermeintlich böse Menschen; wer depersonalisiert wurde, ist nur noch Teil einer anonymen Masse, wer dehumanisiert wurde, gar kein Mensch mehr."[81]

Dieser Depersonalisierungsprozess auf Seiten der Täter sowie die zuvor vorbereitete ideologische Entmenschlichung der Opfer verwandelt einen Mord in einen bloßen Akt bürokratischer Pflichterfüllung. „Im Dritten Reich hatte das Böse die Eigenschaft verloren, an der die meisten Menschen es erkennen."[82] Es stellte sich somit nicht mehr die Frage, ob die jeweilige Handlung denn mit den eigenen Moralvorstellungen zu vereinbaren wäre oder nicht. Auch Adolf Eichmann, dessen Aussagen während seines Prozess in Jerusalem die surreale Logik der damaligen Täter zumindest in Ansätzen zu enthüllen vermochte, berief sich auf das Prinzip der Pflicht. Bizarrer Weise behauptete er, „sein Leben lang den Moralvorschriften Kants gefolgt zu sein und vor allem im Sinne des kantischen Pflichtbegriffs gehandelt zu haben"[83]. Während diese Aussage eines Massenmörders im absoluten Kontrast zum

---

[80] Hannah Arendt, *Eichmann in Jerusalem: Ein Bericht von der Banalität des Bösen*, 4. Aufl. (München: Piper, 2009) 59.
[81] Thies 136.
[82] Arendt, *Eichmann in Jerusalem* 249.
[83] Ibid. 232.

kategorischen Imperativ steht, und daher diese Pseudologik hier nicht weiter dekonstruiert werden muss, so offenbart seine Argumentation doch die Macht der Indoktrination eines Systems, dem es gelang, Moralvorstellung ins absolute Gegenteil zu pervertieren. Damit wird aber auch der Beweis erbracht, dass das sittliche Gewissen, wenn auch nicht völlig auslöschbar, doch zumindest in eine Weise umgedeutet werden kann, die einen Menschen als Massenmörder funktionieren lässt.

Denn auch die Täter des Nationalsozialismus beriefen sich auf Moral und Ethik. Dies wird nicht zuletzt in einem der erschreckendsten Dokumente deutlich – Heinrich Himmlers sogenannter Posener Rede: „Es gehört zu den Dingen, die man leicht ausspricht. – ‚Das jüdische Volk wird ausgerottet', sagt ein jeder Parteigenosse, ‚ganz klar, steht in unserem Programm, Ausschaltung der Juden, Ausrottung, machen wir!' ... Von Euch werden die meisten wissen, was es heißt, wenn 100 Leichen beisammen liegen, wenn 500 daliegen oder wenn 1.000 daliegen. Dies durchgehalten zu haben, und dabei – abgesehen von Ausnahmen menschlicher Schwächen – *anständig geblieben zu sein* [meine Kursierung], hat uns hart gemacht. Dies ist ein niemals geschriebenes und niemals zu schreibendes Ruhmesblatt unserer Geschichte ...."[84]

Dieses bedrückende Dokument der Geschichte bestätigt, was der Sozialpsychologe Harald Welzer für viele Soldaten der Wehrmacht feststellen konnte: Dass sie nämlich, obschon sie wussten, dass ihr Handeln das Leben eines Zivilisten vernichtet, sie sich selbst doch als „Opfer einer Aufgabe"[85] betrachteten – dass das böse Mittel also den aus ihrer Sicht guten Zweck heiligen würde. Hannah Arendt verweist auf die Zeitbedingtheit der Moral, welche recht willkürlich in einen „bloßen Kanon von ‚mores' – von [indoktrinierbaren] Manieren, Sitten, Konventionen"[86] verwandelt werden kann. Sie warnt vor der leichtsinnigen Annahme einer allgemeinen, im Menschen inhärenten Sittlichkeit, die die Ausübung allzu großer Grausamkeit verbieten könnte. In der „Indifferenz" solch einer falschen „Sitten"-lehre

---

[84] Heinrich Himmer in Detlef Hoffmann, „Das Gedächtnis der Dinge," *Das Gedächtnis der Dinge: KZ-Relikte und KZ-Denkmäler 1945 – 1995*, ed. Detlef Hoffmann (Frankfurt am Main: Campus, 1998) 7.
[85] Harald Welzer, *Täter: Wie aus ganz normalen Menschen Massenmörder werden* (Frankfurt am Main: Fischer, 2005) 10.
[86] Arendt, *Über das Böse* 17.

zu begegnen, in der „Tendenz, das Urteil überhaupt zu verweigern … liegt der Horror des Bösen und zugleich seine Banalität"[87].

2.3. Zwischenfazit

Die Untersuchungen zur Thematik des Bösen haben ein vielfältiges Repertoire an philosophischen Deutungsvarianten offenbart. Allerding lassen sich auch, und das ist vielleicht der überraschende Befund, nicht geringe Schnittmengen dieser verschiedenen Konzepte des menschlichen Bösen eruieren: Wenn die klassischen griechischen Philosophen (allen voran Platon) das Böse als das Äquivalent zum Mangel an Einsicht und Weisheit interpretieren, knüpft die Aufklärung und Immanuel Kant an dieses Prinzip an. Auch letztere sieht den Menschen dazu befähigt, dass Böse hinter sich zu lassen, wenn es ihm gelingt das Potential seines Verstandes vollends auszuschöpfen. Im kategorischen Imperativ kondensiert Kant seine Ethik und regt den Menschen an, dass intrinsische Gute seiner Tat zu prüfen und zu hinterfragen. Ein signifikanter Unterschied zwischen beiden Philosophien besteht jedoch in der Auffassung des freien Willens der Menschen. Kant spricht vom „Mut [sich] des eigenen Verstandes zu bedienen"[88]. Platon und Aristoteles hingegen postulieren das, wenn notwendig auch zwanghafte, Herausführen des Menschen aus seiner Unkenntnis und Untugend (teleologische Konzeption). Ein Postulat, dass in der Philosophie der Frankfurter Schule seinen vehementesten Widerspruch finden sollte. Trotz dieser Diskrepanz gehen beide, sowohl die klassisch griechische als auch die aufklärerische Ethik, somit von einem positiv-sittlichen Menschenbild aus.

Beide Entwürfe stehen damit im Gegensatz zum (früh)christlichen Gedanken der Patristiker, welche das Böse als im Menschen geboren erachteten. Diesen Umstand führt Augustinus auf die Ursünde zurück, die er im Handeln der Menschen alltäglich bestätigt sah. Da Gott die Welt geschaffen hat, existiert weder eine Dualität zwischen böser und guter Macht (Platon, Mani u.a.), noch kann das Böse als eigenständige Entität Bestand haben. Der Mensch

---

[87] Ibid. 150.
[88] Immanuel Kant, *Was ist Aufklärung? Ausgewählte kleine Schriften*, ed. Horst D. Brandt (Hamburg: Meiner, 1999) 20.

müsse sich vielmehr im ständigen Ringen den Versuchungen der Welt erwehren und dabei auf die Gnade und Erwähltheit Gottes hoffen (Prädestination). Augustinus' Aussagen weisen allzu oft einen axiomatischen Charakter auf – welcher Mensch wird nun und aus welchen Gründen von Gott zur Erlösung bestimmt? Sein Plädoyer der Selbstkontrolle der Triebstruktur knüpft jedoch an die Lehren der Stoa und des Epikur an. Thomas Hobbes und Machiavelli hingegen stehen ihrerseits wieder in der Traditionslinie des negativ-augustinischen Menschenbegriffs.

Arthur Schopenhauer verwob beide Menschenbilder zu einer sowohl an Augustinus als auch an Platon beziehungsweise Kant anknüpfenden Ethik. Er konstatierte einen Willen, dessen Unstillbarkeit den Menschen zu fortwährender Bedürfnisbefriedigung treibt. Die Unauflösbarkeit dieses Zustandes erzeugt das Leiden und somit das Böse dieser Welt – Tugenden werden der Willensbefriedigung notwendigerweise hintangestellt. *„A man"*, so drückte es Einstein mit Bezug auf Schopenhauer einmal aus, *„can do as he will, but not will as he will"*[89]. Sein Wille ist daher nicht von ihm selbst frei bestimmbar. Trotz dieser eigentlich zum Egoismus drängenden Eigenschaft verweist Schopenhauer aber auch auf die menschliche Güte – das Mitleid. Nach seiner Interpretation ist das Mitleid das innere Empfinden des Menschen in seinem Gegenüber einen Teil jener Substanz (Urbild, siehe Platon) zu sehen, der er selbst angehört. Daher ist es Teil der menschlichen Natur, beim Betrachten eines fremden Leides *mitzuleiden* – dies ist der Ursprung der guten Tat.

Nietzsche und Freud bedienten sich dieser Idee des Willens. Während Nietzsche den Willen ebenfalls als unbändigen Drang und Essenz unseres Daseins definierte, wandte er sich vom negativen Bilde Schopenhauers ab. Er deklarierte den Willen als Prinzip aller schaffenden Kräfte dieser Welt. Die Moral, wie sie vor ihm gelehrt wurde, wäre dabei nur Instrument der sich vor dem Willen der Schaffenden Fürchtenden. Das Individuum, um wahre Freiheit und Zugang zu seinen Möglichkeiten bekommen zu können, müsse sich von jenen sittlichen Doktrinen befreien und seinen Triebkräften freien Lauf lassen. Auch Sigmund Freuds Tiefenpsychologie und seine Konzeption des „Es" basieren im Prinzip auf Schopenhauers Wille-Theorem. Für Freud entsteht das Böse einmal durch den

---

[89] Albert Einstein, *The World as I See It* (Minneapolis: Filiquarian, 2006) 12.

Destruktionstrieb des „Es", als auch durch die von gesellschaftlichen Konventionen behinderte Auslebung der Triebbefriedigung.

Die Frankfurter Schule um Herbert Marcuse und Hannah Arendt erweiterten Freuds Konzeption und sahen in den triebblockierenden Kräften technokratisch totalitärer Gesellschaften das eigentliche Fundament des Bösen. Durch die Unterdrückung der Kräfte des *Eros* (durch Sitten und Gesetze) und deren Unterordnung unter die bloße Verstandeskraft würde der Mensch seiner Menschlichkeit beraubt. Ein Ventil für seine Triebe fände der Mensch lediglich im Zerstörungsdrang des Krieges. Durch Verordnungen wird diese Gesellschaftsstruktur selbst zur indoktrinierten Pseudomoral, mit welcher der funktionalisierte Mensch sich vollends identifiziert.

Es zeigt sich, dass sich die Suche nach dem Bösen und die Thematik der Moral bis heute nicht erschöpft hat und über schwammige Theoreme wie *„define ‚good' as that which supports well-being"*[90], oft nicht hinauszugehen wagt. Aber es scheint genau diese Rastlosigkeit, das fortwährende Hinterfragen, dass eine Indoktrination falscher Werte und die Generierung des Bösen zu verhindern im Stande ist. Kraus' Schlussfolgerung kann daher wohl entsprochen werden: „Ein moralischer Standpunkt wird [bei günstiger Entwicklung] nicht gefunden oder übernommen, sondern er entwickelt sich auf dem Lebensweg. Eine rechtschaffene Person ist dann eine, die fragt und sucht und dabei lernt, was richtig und falsch ist."[91] Diese Suche findet aber eben nicht nur in politischen Debatten oder bei der Lektüre philosophischer Werke, sondern auch im Bereich der Literatur statt. Hierbei obliegt es jedoch nicht nur dem „Erzähler", den „Protagonisten als moralisch Handelnden"[92] zu skizzieren, wie Kraus dies behauptet, sondern es ist vielmehr am Rezipienten gelegen, Gut und Böse zu identifizieren und Wertmaßstäbe für das eigene Leben zu abstrahieren.

---

[90] Sam Harris, *The Moral Landscape* (New York: Free Press, 2010) 12.
[91] Wolfgang Kraus, „Das narrative Selbst und die Virulenz des Nicht-Erzählten," *Das Gute und das Böse erzählen*, ed. Karen Joisten (Berlin: Akademie, 2007) 41.
[92] Ibid.

3. Das Böse in *One Flew Over the Cuckoo's Nest*

3.1. Präliminare Gedanken zur Erzählperspektive

Um das Sujet des Bösen in seinen mannigfaltigen Aspekten analysieren und vergleichen zu können, ist es zuvor notwendig, auf die Spezifikation der der Untersuchung zugrunde liegenden narrativen und dramaturgischen Texte, sowie die Besonderheiten des Mediums Film zu berücksichtigen. Da die Literaturgattungen Epik und Drama beziehungsweise das Medium Film in ihren Erzählweisen signifikante Unterschiede aufweisen, ist es folgerichtig anzunehmen, dass die Darstellungen des Bösen, obschon aus der Geschichte des Romans entnommen, im Bühnenstück sowie in der Verfilmung besondere Charakteristika aufweisen. Ohne bereits die Ausprägungen des Bösen *en detail* zu analysieren, sollen hierbei zunächst noch einmal die Möglichkeiten und Restriktionen dieser Gattungen/des Mediums *in abstracto*, sowie die allgemein-narratologische Umsetzung des Stoffes durch Kesey, Wassermann und Forman betrachtet werden.

Der Roman wird vage als eine *„form of story or prose narrative containing characters, action and incident, and ... plot"*[93] bezeichnet. Während die Elemente *„characters, action, incident and plot"* auch für das Drama Gültigkeit finden könnten, besteht die Besonderheit eines *narrative texts* in einer weiteren Ebene narrativer Übermittlung, auf welcher der Erzähler zu verorten ist.[94] Dieses zusätzliche Element des Erzählers ermöglicht es dem Roman – über den Aspekt des Dialoges hinaus – über das Beschreiben von räumlichen Situationen oder individuellen Emotionen weitere Potentiale zur Sinndeutung zu erschließen. Die Literaturwissenschaft unterscheidet hier gemeinhin zwischen dem *omniscient narrator*, dem allwissenden Erzähler, der von allen Charakteren und Ereignissen in Gänze und Ausführlichkeit zu berichten weiß; dem *third person narrator*, bei welchem der Autor das Narrativ auf die Wahrnehmungsperspektive einer Romanfigur begrenzt; und dem *first person narrator*, welcher die Geschichte aus seinem Blickwinkel *selbst erzählt*.[95]

---

[93] „Novel," *Dictionary of Literary Terms & Literary Theory*, ed. J.A. Cuddon, 4. Aufl. (New York: Penguin, 1999) 560 und 561.
[94] Cf. Vera und Ansgar Nünning, *An Introduction to the Study of English and American Literature* (Stuttgart: Klett, 2004) 104.
[95] Cf. „Viewpoint," Cuddon 970 f.

„*It's the Indian's story*"[96], betonte Kesey vehement nach Streitigkeiten mit den Produzenten der Filmadaptation. Und in der Tat gelang dem Autor mit Chief „Broom" Bromden die Kreation eines gar außergewöhnlichen Ich-Erzählers. Kesey zeichnet eine Figur, die die Geschehnisse nicht nur in typisch monoperspektivischer Weise wiedergibt, sondern die durch ihre vorgetäuschte Taubstummheit dem Leser oftmals Dinge zu erzählen vermag, die der Einzelfigur (und somit eben auch dem Leser) sonst wohl verschlossen geblieben wären. Diese ans Katatonische grenzende Apathie ermöglicht ihm auch die gewollte Neutralisierung seitens der ihn umgebenden Menschen – als *chronic* eingestuft, gelingt es ihm seine kognitiven Kapazitäten und Fähigkeiten als Beobachter zu verbergen. Mithilfe dieser „Eigenschaften" verhilft Kesey seinem Protagonisten nicht selten zu einer, wenngleich sehr restringierten, Omniszienz. Der Erzähler Chief Bromden wird für den Leser zum *„disembodied eye, poised in space, invisible, incorporeal, seeing but not see"*[97].

Bromden obliegt auf der intratextuellen Ebene also die Deutungshoheit über die von ihm in Retrospektive geschilderten Ereignisse. Aufgrund seiner Schizophrenie, seiner wiederkehrenden Angstattacken und seiner erratischen Zeitsprünge eröffnet er dem Leser eine Welt surrealen Horrors und ein sich nur langsam entwirrendes Menschenschicksal zeitübergreifender Verschlungenheit. Kesey lässt schon nach den ersten Seiten seines Romans keinen Zweifel über die Natur seines nicht nur selbstreflektierenden (*self-conscious*), sondern auch extrem unzuverlässigen (*unreliable*) Erzählers: *„They hold me down while she jams wicker bag and all into my mouth and shoves it down with a mop handle. ... It's gonna burn me just that way, finally telling about all this .... and you think the guy telling this is ranting and raving my God; you think this is too horrible to have really happened, this is too awful to be the truth! ... But it's the truth even if it didn't happen."*[98] Bei der Charakterisierung seiner Figur orientierte sich Kesey unter anderem an Benjy Compsons Unschuld und Hilflosigkeit (Faulkner) sowie an Holden Caulfields Ekel vor der Welt (Salinger).[99] Ihm gelang hierbei die

---

[96] Ken Kesey in Fred Madden, „Sanity and Responsibility: Big Chief as Narrator and Executioner," *Modern Fiction Studies* 32.2 (1986): 205.
[97] William Schopf, „Bildfolded and Backwards: Promethean and Bemushroomed Heroism in *One Flew Over the Cuckoo's Nest* and *Catch-22*," *The Bulletin of the Rocky Mountain Modern Language Association* 26.3 (1972): 90.
[98] Ken Kesey, *One Flew Over the Cuckoo's Nest* (New York: Penguin, 2006) 13.
[99] Cf. Madden 205.

Erschaffung eines facettenreichen Erzählers, der dem Leser eine ungewöhnliche Perspektive auf das ihn umgebende Böse zu vermitteln vermag.

Dale Wasserman stand vor der Aufgabe, die bedrohliche, bizarre Atmosphäre der Heilanstalt ohne die Möglichkeit der intertextuellen Erzählebene für die Bühne umzusetzen. Obschon ein Drama *per definitionem* „*any work ... performed on a stage by actors*"[100] ist, und es sich bei *Cuckoo's Nest* nicht um ein klassisches Lesedrama (*closet play*) handelt, wird diese Untersuchung nur die Textausgabe und die darin beschriebene Handlung berücksichtigen können. Auch wenn dem Leser Monologe und Bühnenanweisungen begegnen, so ist es doch der den Ablauf perpetuierende Dialog, der dem Drama seine Besonderheit verleiht. Dieses Instrument gibt dabei nicht nur der Entwicklung des Geschehens seine Richtung, sondern fungiert ebenso als Charakterisierungs- und Konfliktmedium.[101] Nicht anders verhält es sich bei der Umsetzung von *Cuckoo's Nest*. Die Adaptation stand vor der schweren Aufgabe, Bromdens Welt des Horrors ohne die Mittel des Romans für das Theater umzusetzen: „*The sinister effect which the novel achieves through its extension of machine metaphors ..., the play must achieve on the surface with action and confrontation.*"[102]

Nichtsdestotrotz versuchte Wasserman einige Elemente des erzählenden Bromden auf die Bühne hinüberzuretten. Er bedient sich dabei nicht selten der Instrumentarien des epischen Theaters. Bromdens Soliloquien, die seine innere Konstitution, seine Emotionen und Teile seiner Vergangenheit enthüllen sollen, werden oft von grotesken Lichtspielen und verstörenden Maschinengeräuschen begleitet. Durch diese expressionistischen Tendenzen versucht der Dramaturg die im Roman in Tiefe dargestellte Schizophrenie und innere Zerrissenheit des Protagonisten seinem Publikum zu vermitteln. Auch wenn wir keinen epischen Erzähler im eigentlichen Sinne haben, so wird doch deutlich, dass Wasserman die Elemente des realistischen Dramas mithilfe des Verfremdungseffektes zu durchbrechen versucht, ohne jedoch gleichzeitig die emotionalen Bande zwischen Publikum und Akteuren völlig durchtrennen zu wollen.

---

[100] „Drama," Cuddon 237.
[101] Cf. Nünning 79 und 86.
[102] Eliabetz Fifer, „From Tragicomedy to Melodrama: The Novel Onstage," *Lex et Scientia: The International Journal of Law and Science* 13.1-2 (1977): 76.

Sein Ringen möglichst viele Elemente des Romans in seinem Drama wiederzugeben, gelingt Wasserman nur sehr bedingt. So rezensierten die meisten Kritiker die Umsetzung des Stückes äußerst negativ. Elizabeth Fifer nennt es ein „*predictable melodrama*", das über die Anstrengung den *plot* des Romans zu verwirklichen, die Charakterisierung der Figuren zur Nebensache verkommen lassen muss.[103] Auch wenn Fifer Recht behält, so bleibt doch die Frage, wie viel Tiefe in der Darstellung des Bösen Wasserman letztendlich doch in sein Bühnenstück zu übertragen vermochte und woran er vermeintlich scheiterte.

Weitaus größere Aufmerksamkeit wurde der Filmadaptation Milos Formans zuteil. Obschon viele der zu untersuchenden Bestandteile derjenigen der Dramen- oder Romananalyse ähnlich zu sein scheinen – wie Handlung, Charaktere, Dialoge etc. – so weist das Medium Film doch sehr viel spezifischere Parameter auf. Neben den zu berücksichtigenden Musik- und Klangeffekten sind dies hierbei vor allem die Parameter der Kameraeinstellung (Winkel, Entfernung der Aufnahme, Schnitt, Bewegung etc.).[104] Anders als bei einem Text gilt es bei einem Film also mehrere „semiotische Systeme"[105] zu decodieren. Auch wenn dem Film – wenn es sich um Romanadaptation handelt – für die erzählte Zeit eine weit geringere Erzählzeit zur Verfügung steht und somit der Drehbuchautor sich meist zur Opferung mehrerer Originalaspekte gezwungen sieht, so eröffnet die Polymedialität des Films selbigen jedoch auch die Möglichkeit, die Geschichte über mehrere ästhetische Kanäle zu vermitteln. Der Kreativität des Regisseurs sind dabei kaum Grenzen gesetzt.[106]

Sieht man von der dann aber auch nur zeitweilig beanspruchten Technik des *voice-over* einmal ab, so weist der Film keine eigentliche Ebene des Erzählers auf. Vera und Ansgar Nünning verweisen hier auf die Position der Kamera, die das Äquivalent der epischen Erzählperspektive darstelle. Da subjektive Kameraeinstellungen (etwa bei Verfolgungsjagden oder der Darstellung eines Schwindelgefühls) ebenfalls eher für den momentanen,

---

[103] Fifer 75 und 79.
[104] Cf. Nünning 148 f. Neuentwicklungen wie CGI (*computer generated imagery*) oder 3D-Effekte müssen für die anstehende Untersuchung nicht berücksichtigt werden. Nick Lacey bemüht hier den Begriff *mise en scene*, der die Aspekte Design (Aufbauten, Hintergrund, Kostüme), Farben, Licht, Schauspiel, diegetischer Klang (Klang aus der Erzählwelt) und Bildeinstellung inkludiert (cf. Nick Lacey, *Introduction to Film* (New York: Palgrave Macmillan, 2005) 31).
[105] Irina O. Rajewsky, *Intermedialität* (Tübingen: Francke, 2002) 7.
[106] Cf. Ralf Georg Bogner in Rajewsky 23.

dramaturgischen Effekt verwandt werden, müsste man die sich stets wandelnde, oftmals auf die Schauspieler und das zukünftige Geschehen „wartende" Kamera als Entsprechung des omniszienten Erzählers betrachtet. Da wechselnde Perspektiven oftmals den Eindruck hinterlassen, man würde das Geschehen mit dem Auge eines der Filmcharaktere verfolgen, müsste die subjektive Kamera hierbei viel eher dem Fokalisationspunkt gleichgesetzt werden.[107] Da die Perspektive im Film durch schnelle Schnitte viel rascher zu wechseln im Stande ist, kann die Fokalisierung einen viel sprunghafteren Charakter als im Roman annehmen.

Milos Forman entschied sich bei der Umsetzung des Stoffs für eine sehr viel realistischere Version als jene Wassermanns. Ein Entschluss, der nicht zuletzt dazu führte, dass sich Kesey verärgert aus dem Projekt zurückzog. Elaine B. Safer weist darauf hin, dass Formans Abkehr von Bromdens surrealistischer Perspektive dazu führt, dass das Wahrnehmungszentrum nicht mehr innerhalb des Protagonisten zu lokalisieren ist, sondern sich nach außen verlagert.[108] Forman vermeidet das schwierige Unterfangen, die bizarren Bewusstseinsströme und das Zerrbild der durch Bromden geschilderten Realität filmisch umsetzen zu müssen. Er läuft dabei aber auch Gefahr, viel der metaphorische Tiefe und der im Roman erzeugten Spannung, die sich aus der Unwissenheit über die Glaubwürdigkeit der erzählten Ereignisse generiert, opfern zu müssen.

Aber es ist gerade diese Unerbittlichkeit des Realismus, durch welche Milos Forman das Grauen in seiner Authentizität dazustellen beabsichtigt: „*I hate that voice-over, I hate that whole psychedelic `60s drug free-association thing, going with the camera through somebody's head. That's fine in the book, or on stage, which is stylized. But in film the sky is real, the grass is real, the tree is real; the people had better be real too.*"[109] Als Kind in der von den Nationalsozialisten besetzen Tschechoslowakei aufgewachsen, wurde er Zeuge, wie seine Eltern in die Konzentrationslager Auschwitz und Buchenwald verschleppt und ermordet worden. Es braucht seiner Meinung und Erfahrung her nicht mehr, als den ungetrübten Blick

---

[107] Cf. Nünning 149 f.
[108] Cf. Elaine B. Safer, „It's the Truth Even if It Didn't Happen," *A Casebook on Ken Kesey's* <u>One Flew Over the Cuckoo's Nest</u>, ed. George J. Searles (Albuquerque: University of New Mexico Press, 1992) 152.
[109] Milos Forman in Molly Haskell, „Nicholson's Ironic Portrayal of McMurphy," *Readings on* <u>One Flew Over the Cuckoo's Nest</u>, ed. Lawrence Kappel (San Diego: Greenhaven Press, 2000) 177.

auf die Taten der von einem totalitären System indoktrinierten Menschen, um das Böse sichtbar werden lassen zu können: *"I have seen this situation, and I know that authority in trouble will sacrifice anything and anyone to prove its point."*[110]

Auf welche Weise manifestiert sich aber nun das Böse in Keseys Roman? Kann Formans Version des Bösen mit jener der im Roman beschriebenen verglichen werden? Vermag Wassermans Bromden den Schrecken seiner Situation auch auf der Bühne zu vermitteln? Diese und weitere Fragen gilt es in den kommenden Kapiteln zu beantworten.

3.2. Die Wärter – Handlanger des Bösen

3.2.1. Darstellung im Roman und Drama – Sadismus und Vergeltung

Stellt man sich die Aspekte des Bösen in *Cuckoo's Nest* als ein hierarchisches Konstrukt vor, so müssten man die Wärter der Station als direkte Befehlsempfänger der *Big Nurse* auf der untersten Ebene dieses Gedankenmodells verorten. Neben den Nachtwachen Geever und Turkle, denen in Keseys Roman eine andere, noch zu diskutierende Rolle zugeordnet wird, sind es die *orderlies* Washington, Warren und Williams, denen eine nicht unerhebliche Aufgabe im System der Kontrolle zugewiesen wird. Die Funktion der bereits im dritten Satz des Romans als „*sulky and hating everything*"[111] beschriebenen Wärter kann als direkter, physischer Schnittpunkt zwischen der Befehlsinstanz Ratched und den ihr untergebenen Patienten bezeichnet werden. In dieser Position wirken sie als vollziehende Exekutivgewalt, sollte einer der Befehlsempfänger einer Anordnung zuwiderhandeln oder die Ausführung jener Handlung lediglich verzögern. Die Wärter sind hierbei allerdings selbst nicht befugt, eigene Entscheidungen zu treffen, sondern wirken ausschließlich als „Sicherheitspolizei"[112] der ihnen übergeordneten Instanz. Die Sterilität dieser Aufgabe drückt sich nicht zuletzt im gemeinsamen Anfangsbuchstaben ihrer Familiennamen aus, der sie gleichzeitig ein Stück weit anonymisiert und ersetzbar scheinen lässt.

---

[110] Ibid.
[111] Kesey 7.
[112] Andrew Foley, „Allegories of freedom: Individual liberty and social conformity in Ken Kesey's *One Flew Over the Cuckoo's Nest*," Journal of Literary Studies 17.1 (2001): 37.

Michael M. Boardman weist darauf hin, dass die Figuren der Wärter auch dahingehend eine wichtige Rolle in der Geschichte erfüllen, da sie die Präsenz der von *nurse* Ratched ausgehenden kalten Gewalt in heiße umzusetzen vermögen: *„They* [die Patienten] *must be watched, pushed around, even sexually abused .... Many of these activities the nurse could not plausibly engange in. The attendants, furthermore, must have sufficient motivation to commit such acts, against men who are not only pitiful but largely helpless."*[113] Um diese „Charaktereigenschaften" glaubwürdig vermitteln zu können, bedient sich Kesey einer von Bromden erzählten Anekdote, die wohl generisch für alle drei Wärter ihre Gültigkeit hat. In der einzigen Passage, in welcher über die Vergangenheit der drei Wärter berichtet wird, schildert Bromden Folgendes : *„His mother was raped in Georgia while his papa stood by tied to the hot iron stove with plow traces, blood streaming into his shoes. The boy watched from a closet, five years old and squinting his eye to peep out the crack between the door and the jamb, and he never grew an inch after."*[114]

Kierkegaard sieht in einem solchen Erlebnis der „Angst, den psychologischen Zustand, welcher der Sünde vorausgeht"[115]. Kesey portraitiert den Ursprung des sadistischen Verhaltens der Wärter also als persönlichen Rachefeldzug. Hierbei macht er aber auch deutlich, dass das Objekt dieses Hasses nicht einmal ersatzweise jene trifft, die im entferntesten Sinne mit den Urhebern jenes Verbrechens assoziiert werden könnten. Obschon die *orderlies* Ratched – jene Figur, die ebenfalls Kontrolle über sie ausübt – über die Maßen verabscheuen (*„hating her and her chalk doll whiteness"*[116]), kanalisieren sie ihre Rachegefühle jedoch auf die Patienten und somit auf die Subjekte eben jener Hilflosigkeit, die sie ebenfalls teilten und teilen.

Kesey lässt den Sadismus dieses unmittelbaren, physischen Bösen der Wärter in mehreren Anekdoten deutlich werden. Hierbei insinuiert der Autor nicht selten das Rachemotiv ihrer Grausamkeit. Wenn Bromden erzählt, wie der hier wiederum anonymisierte *„black boy"* den *chronic* Pete an seinem Arm ergreift, als wären es *„reins on a plow horse to*

---

[113] Michael M. Boardman, *„One Flew Over the Cuckoo's Nest*: Rhetoric and Vision," *Journal of Narrative Techniques* 9.3 (1979): 180.
[114] Kesey 38.
[115] Sören Kierkegaard zitiert in Kussäther 77.
[116] Cf. ibid.

turn him", so kann dies als direkter Bezug zum Kindheitserlebnis der Vergewaltigung seiner Mutter („*plow traces*") interpretiert werden. Auch die Tatsache, dass der Wärter den erwachsenen Pete wiederholt mit „*boy*" apostrophiert, könnte als Indiz dafür gewertet werden, dass dieser diese pejorative, rassistische Bezeichnung selbst erleiden musste und nun in seiner Vergeltung sich dieser Situationen erinnert.[117]

Diese Reflexion des Hasses wird deutlicher an einer weiteren Stelle. Nach dem McMurphy sich nicht davon abhalten lässt, singend seine Zähne mit Seifenpulver zu putzen, wendet sich einer der Aufseher dem unbeteiligten Bromden zu und befiehlt diesem, ihm seine Arbeit abzunehmen: „*There! Damn you, right there! That's where I want you workin', not gawkin' around like some big useless cow! There! There!*"[118] Die Unmittelbarkeit dieser Reaktion zeigt die Hilflosigkeit der Wärter, sich ihrer Aggressoren erwehren zu können. Auch der Umstand, dass sich die Wut der *orderlies* nicht nur gegen Schwächere, sondern über die Maßen gegen Bromden und somit gegen ein Mitglied einer weiteren US-amerikanischen Minderheit richtet, offenbart die Bewusstlosigkeit ihres Fehlverhaltens.

Der sexuelle Gewaltakt gegen die generische Mutter der Wärter findet ebenfalls seine Wiederaufnahme im Roman. Auch wenn die Vergewaltigung nicht *expressis verbis* von Weißen begangen wurde, so reiht sich der Bericht doch lückenlos in die rassistischen Übergriffe in den US-amerikanischen Südstaaten der 30er Jahre ein. Wenn einer der Wärter nun zu Hardings Frau in dessen Gegenwart „*don't you forget now, you hear?*"[119] sagt und jene dieser Aufforderung mit einem Luftkuss begegnet, so erreicht dies natürlich noch lange nicht die Qualität des zuvor geschilderten Verbrechens. Es eröffnet dem sich seiner Sexualität ohnehin unsicheren Harding jedoch die Vorstellung eines baldigen Geschlechtsaktes seiner promiskuitiven Frau mit einem anderen, ihn sowieso schon unterdrückenden Mann. Als eine weitere Analogie hierzu kann die Frage des „*dwarf black boy*" an den *chronic* Ruckly, welcher infolge einer Lobotomie sein Dasein mit dem Betrachten eines alten Fotos seiner Frau fristet, betrachtet werden, wenn dieser ihn fragt: „*Say, Ruckly, what you figure your little wife is*

---

[117] Cf. Ibid. 66.
[118] Ibid. 117.
[119] Ibid. 217.

doing in town tonight?"[120] In beiden Fällen ist es weniger das sexual-maskuline Machtgebaren, das die Wärter zu solchen Tat veranlasst, sondern vielmehr ein weiterer Aspekt der Rache und Wiederholung der ihnen angetanen Greul.

In Wassermans Adaptation findet sich keine Kindheitspassage, die das Verhalten der Wärter erklären könnte. Das Drama beginnt mit einem Soliloquium Bromdens, das durch die Ankunft der nunmehr auf zwei Individuen (Warren und Williams) reduzierten Aufseher unterbrochen wird. Wasserman lässt seinem Publikum die menschenverachtenden Tendenzen der *orderlies* gleich zu Beginn deutlich werden. Unter Gelächter und wiederkehrenden Bezeichnungen wie „*loony*", „*baby*" oder „*damn redskin*"[121] wird Bromden, ähnlich wie im Roman, gezwungen, den Gang der Station zu fegen. Aber auch Wasserman insinuiert zunächst, dass der Groll der Wärter seinen Ursprung im diskriminierenden Verhalten der ihnen Übergeordneten haben könnte. Denn auch die Ratched des Dramas spricht die ihr Untergebenen mit „*boys*" an, worauf diese lediglich mit einem servilen „*Yeah, Miz Ratched*" zu antworten befugt zu sein scheinen. Wenig später wird die Abneigung Warrens und Williams ihrer Vorgesetzten gegenüber offenkund: „*Haw! Why'n' we jus' beat her back?... First we slug 'er with this can. ... Prize open 'er mouth. Stuff this whole damn mess inside! Ram it to the bottom with a mop!*"[122]

Vergleicht man die Passagen des Buches, die zur Charakterprägung der Wärterfiguren beitragen, so wird auffällig, dass sich auch Wasserman der Zahnbürsten-Szene nahezu unverändert bedient, um dem Publikum die Vergeltungssucht der Aufseher bewusst werden zu lassen. Die Anwendung physischer Gewalt beschränkt sich im Drama lediglich auf das Festzurren Bromdens, bevor dieser rasiert werden soll. Neben diesen wenigen Ausnahmen lassen sich aber keine Parallele zwischen dem Roman und der Tragödie feststellen. Es kommt auch nicht zur körperlichen und kaum zu verbalen Auseinandersetzungen zwischen den Wärtern und McMurphy, was sowohl im Roman als auch im Film des Öfteren der Fall ist. Die gebotenen Kürzungen des Gegenstandes bei einer Theateradaptation berücksichtigend kommt der Betrachter beider Werke dennoch nicht umhin zu bemerken, dass die Wärter bei

---

[120] Ibid. 23.
[121] Dale Wassermann, *One Flew Over the Cuckoo's Nest* (New York: Samuel French, 2002) 8 und 12.
[122] Ibid. 32.

Wasserman eine eher geringe Rolle einnehmen. Da es sich jedoch bei beiden Darstellungen um *flat character* handelt, scheint die verminderte Präsenz der Wärter im Drama weniger ins Gewicht zu fallen – ihr Sadismus wird dem Publikum trotz alledem vor Augen geführt.

Im Zuge der Untersuchungen der Wärter stellt sich natürlich auch die Frage, warum in Keseys Roman selbige allesamt Farbige sind. Der Umstand ihrer sadistischen Neigungen, die unzähligen, rassistischen Bezeichnungen wie „*boy*", „*Sam*", oder gar „*nigger*"[123], und der Fakt, dass es sich bei ihre Opfern, mit Ausnahme Bromdens, ausschließlich um angehörige der europäisch-stämmigen Ethnie handelt, brachte Kesey von vielen Kritikern den Vorwurf ein, in dieser Hinsicht äußerst unsensibel vorgegangen zu sein. In der Tat scheint es auf den ersten Blick legitim zu hinterfragen, „*why are the attendants black?*"[124] Als Antwort scheint sich Keseys Entschluss aufzudrängen, dem Hass der Aufseher mithilfe der Vergewaltigung der Mutter (durch Weiße?) und ihrer marginalisierten, weil der ständigen, gesellschaftlichen Diskriminierung ausgesetzten Lage, einen plausiblen Ursprung geben zu wollen. Darüber hinaus finden sich im Roman mehrere subtile Passage, die in ihrer Gesamtheit oben genannten Vorwurf entkräften:

Zum einen bemerkt Bromden zu Beginn seiner Erzählung, dass Ratched schon Tausende vor Washington, Warren und Williams für sich hat arbeiten lassen, um jene mit dem größten Potential an Verbitterung für ihre Station acquirieren zu können.[125] Ferner begegnet dem Leser in einer von Bromdens retrospektiven Anekdoten, die auch seine Aberration des illusorischen Nebels näher erläutert, ein afroamerikanische Arbeiterin in einer Baumwollmühle. Kesey schildert die Hilflosigkeit des Mädchens und ihren verzweifelten Appell an Bromden.[126] Das Mitgefühl, das der Leser zwangsläufig mit dieser Randfigur entwickeln muss, steht im krassen Gegensatz zu der mit den Wärtern assoziierten Antipathie. Auch das Wohlwollen, welches die Nachtwachen Turkle und Geever nicht nur einmal ihren Patienten gegenüber demonstrieren, belegt, dass Kesey keinesfalls eine Gleichung „farbig gleich böse" aufzumachen beabsichtigte. Das Opferbild der weißen Patienten gerät ebenso ins

---
[123] Ibid. 329.
[124] Boardman 180.
[125] Cf. Kesey 38.
[126] Cf. Kesey 50.

schwanken, eingedenk der Tatsache, dass Bromdens retrospektive Digressionen als Parabel des weißen Rassismus gegen die indigene Bevölkerung verstanden werden müssen.

Die aus heutiger Sicht als verbale Entgleisungen zu beurteilenden Apostrophierungen der farbigen Aufseher könnten als Elemente der *verisimilitude* und in globalerer Perspektive vielleicht als „Huckleberry-Finn-Phänomen" interpretiert werden. Auch wenn es schwer fällt, die fortwährenden, abfälligen Bezeichnungen zum Wohle der Wirklichkeitsnähe des Romans zu akzeptieren, so muss eben verstanden werden, dass selbige in den USA der frühen 60er Jahre, besonders bei interethnischen Auseinandersetzungen, keine Seltenheit waren. Außerdem kann angenommen werden, dass sich der Leser aufgrund dieser Beleidigungen nicht allzu leicht von einem einseitigen Täterbild der Wärter einvernehmen lässt und stattdessen die Ambivalenz ihrer Situation zu überdenken gefordert ist.

3.2.2. Darstellung im Film – Eine hölzerne Dichotomie

Obwohl sich die Vergleiche des Films und des Romans fast ausschließlich auf die Protagonisten der *nurse* Ratched und R.P. McMurphy beziehen, so verspricht die Gegenüberstellung der Nebenfiguren doch ebenfalls lohnenswerte Ergebnisse. Auch Milos Forman stellt die Wärter des Romans als Farbige dar, was auch 12 Jahre nach der Buchveröffentlichung wiederum oben genannten Vorwurf zur Folge hatte.[127] Da der Regisseur im Gegensatz zum Buchautor eine unmissverständlich realistische Darstellung der Geschichte erschaffen wollte, musste er auch zwangsläufig auf die grauenerregenden Wahnvorstellungen, die Gedankenströme und die die Figuren charakterisierenden Umschreibungen Bromdens verzichten. Formans Aufgabe lag also darin, den Sadismus der Wärter lediglich mithilfe der dem Zuschauer zugänglichen direkten Erscheinung, ihren Äußerung und der Darstellung der sie involvierenden Szenen zu vermitteln.

---

[127] Cf. hierzu u.a. William van Wert, „*One Flew Over the Cuckoo's Nest*: An Aerial View of the Nest by van Wert," *Jump Cut: A Review of Contemporary Media* 10.11 (1976): 52.

Das bedrohliche Gebaren der *orderlies*, das Bromden im Roman an mehreren Stellen beschreibt, liest sich unter anderen folgendermaßen: „*I can feel that least black boy out there coming up the hall, smelling out for my fear.*"[128] Das den Patienten Gefahr vermittelnde Herunterschreiten des Ganges durch die Autoritäten lässt sich auch im Film in regelmäßigen Abständen beobachten (Bild 1).

Bild 1: *One Flew over the Cuckoo's Nest*, dir. Milos Forman, perf. Jack Nicholson, Christopher Lloyd, Danny DeVito, Warner Brothers, 1975, 01:46:00.

Van Wert spricht über einen von Forman kreierten „*Washington type, who enjoys inflicting physical punishment*"[129]. Bei genauerer Analyse fällt jedoch auf, dass – anders als im Buch, in dem oftmals vom generischen „*black boy*" gesprochen wird – die im Film von den Wärtern ausgehende Denigrierung fast ausschließlich von Washington begangen wird (im Bild wohl nicht zufällig in der Mitte positioniert). *Aide* Williams (im Bild rechts) kann im gesamten Film gar mit nicht einer verbalen oder physischen Entwürdigung der ihm unterstellten Patienten in Verbindung gebracht werden. Es muss daher vermutet werden, dass Forman der einseitigen, generischen Version der drei W-Wärter des Buches so nicht folgen wollte – eine Beobachtung, die sich bei *nurse* Ratched bestätigen wird. Ferner ist es wohl auch kein Zufall, dass der Regisseur den Part des friedvollen Wärters Williams (*Will, I Am*) zuteilt. Mithilfe eigener Willenskraft erwehrt dieser sich der Versuchung, seine Position für die Erniedrigung der ihn Untergebenen zu missbrauchen – wenngleich er auch nicht willens genug ist, für selbige Position zu ergreifen. Stattdessen sind es Washington (mit Bezug auf die korrumpierende Macht staatlicher Gewalt) und Warren (*warring*), die mit ihren Aptronymen einen Einblick in die Motive ihres Handelns gewähren.

---

[128] Kesey 11.
[129] van Wert 51.

Was Milos Forman gelingt, ist die sukzessive Charakterzeichnung mithilfe geduldsamer Aufnahmen emotionsschwangerer Gesichtszüger der Filmfiguren. Frank Kermode erwähnt Formans tiefe Überzeugung, dass das menschliche Gesicht der „*lieu privilege*" des Dramas sei.[130] Hierbei fällt nicht nur die mehrmalige und lang verweilende Kameraeinstellung des *close-up* auf, auch in tempogeladeneren Szenen vermittelt die Kinematographie des Films die Empfindungen der Patienten und Wärter. Besonders deutlich wird der Sadismus Washingtons daher auch in einer Szene, die ihn zusammen mit dem angsterfüllten Billy Bibbit zeigt. Kurz vor dem Selbstmord des Patienten, wird dem Zuschauer Washingtons Freude am Leid des Patienten durch dessen Grinsen verdeutlicht (Bild 2). Der Kontrast des um Verständnis schreienden Bibbit und die Unerbittlichkeit des Wärters vermitteln hierbei eine Atmosphäre, die derjenigen des Buches nachempfunden ist.

Bild 2: Forman 01:54:02.

Dennoch muss konstatiert werden, dass auch Formans Interpretation – wohl durch die Prämissen des Mediums Film notgedrungen – den Sadismus des Romans in seiner Breite und Tiefe nicht in identischer Weise zu vermitteln vermag. Obwohl es dem Betrachter leicht fällt, sich von den Figuren des Washington und des Warren zu dissoziieren, so fällt doch auch auf, dass Forman einfach die Kapazitäten des Romans fehlen, um das Böse der Wärter in gleicher Quantitäte und Qualität aufzeigen zu können. Ein einfacher Beleg hierfür sind zum Beispiel Szenen, die das Wesen der Aufseher noch tiefer hätten zeichnen können, aufgrund der gebotenen Kürzungen des Filmes aber geschnitten worden. Es handelt sich hierbei zum einen

---

[130] Cf. Frank Kermode, „The Film Compared to the Novel," *Readings on One Flew Over the Cuckoo's Nest*, ed. Lawrence Kappel (San Diego: Greenhaven Press, 2000) 166.

um die sogar im Drama – welches den Beitrag der Wärter viel erheblicher beschneidet – inkludierte Szene der gewaltvollen Gesichtsrasur und eine Darstellung der verbalen und physischen Entwürdigung des wehrlosen Bromden durch Warren und Washington (nicht Williams!).

Bild 3: Forman, *Outtakes*.   Bild 4: Forman, *Outtakes*.

Da es Milos Forman, wenngleich auch wesentlich punktueller, trotz alle dem gelingt, das Böse der Wärter auch auf der Leinwand überzeugend zu portraitieren, fällt die Beschneidung oben erwähnter Szenen nicht allzu sehr ins Gewicht. Darüberhinaus fügt er dem Film mit der passiven Figur des Williams einen weiteren Aspekt hinzu, der den Zuschauer zur Kontemplation der Rolle der Wärter stimulieren könnte. Vielleicht fungiert Williams Gewaltlosigkeit auch als Substituent für die im Buch zu beobachtenden Elemente der Charakterausweitung Turkles, der Figur des subtil sympathischen Geever, oder der Anekdote der *cotton mill*.

Sollte dies der Fall sein, so muss allerdings auch konstatiert werden, dass Williams Rolle für den Betrachter nur äußerst schwer wahrzunehmen ist und seine Passivität längst nicht genügt, um die Aggression seiner Pendants ausgleichen zu können. Insofern fällt es in der Tat schwer, van Wert zu widersprechen, wenn dieser von einer hölzernen Dichotomie zwischen dem „*Washington type*" und dem „*submissive black* [Turkle] *who can be 'bought' with booze and white woman type*"[131] spricht. Auch der Ursprung dieses Bösen wird von Forman nicht versucht zu erklären – eine Anekdote (siehe Vergewaltigung), der es bei Kesey lediglich weniger Sätze und bei Wasserman nur einen kurzen Dialog, der zumindest Ratched als eigentlichtes Hassobjekt enthüllt, bedarf. Diese Entscheidung subtrahiert viel

---

[131] van Wert ibid.

Interpretationspotential bezüglich der Erklärung des Verhaltens der Aufseher. Der ambivalenten Situation, die der Leser des Romans für die afroamerikanischen Wärter zu diagnostizieren vermag, ist in Formans Interpretation somit kein Platz eingeräumt.

3.2.3. Deutung auf philosophischer Basis

Betrachtet man nun das Gebaren der Wärter – im Roman und mit Abstrichen im Drama sowie im Film – im Licht der oben gewonnenen Erkenntnisse, so fällt zunächst auf, dass es in dieser Fallbetrachtung äußerst schwer erscheint, im Sinne der Philosophie der antiken Griechen den Zustand einer Einsicht in die Weisheit zu verifizieren oder zu falsifizieren. Da es nach Sokrates die *Elenktik*, das kritische Hinterfragen des Standpunktes ist, die den Menschen zur Erkenntnis des Guten bewegt, so muss angenommen werden, dass – vielleicht mit Ausnahme des filmischen Williams – ein solcher Prozess, auch in der Autoreflexion, bei den Aufsehern nicht stattgefunden hat. Durch das Nichteintreten dieser Prozesse und der dadurch nicht Zustande kommenden *Anagnorisis* verweilen Washington, Warren und Williams in ihrem Habitus Leiden zu generieren. Trotz dieses Ansatzes fällt es schwer, Sokrates' Maxime, dass Niemand willentlich Böses beabsichtige, beim konkreten Untersuchungsgegenstand aufrechtzuerhalten. Aufgrund der sadistischen Tendenzen der Wärter, kann nicht von einer unwissentlichen Verfehlung eigentlich guter Absichten gesprochen werden.

Betrachtet man das Höhlengleichnis des dem sokratischen Prinzips des Erkenntnis folgenden Platon, so könnte man eine Parallele zur erleuchteten Gestalt und den in der Höhle verbliebenen auf der einen und McMurphy[132] sowie den *orderlies* auf der anderen Seite konstatieren. Geht man davon aus, dass McMurphy als Querulant, Holzfäller und Getriebener den Wert der wahren Freiheit – der Erkenntnis – darin entdeckt hat, seine Individualität nicht durch einen den Geist evakuierenden, sich in wiederkehrender Routine erschöpfenden Job rauben zu lassen, so kann die Reaktion – die Aggression – der dieser Erleuchtung nicht

---

[132] Das Thema der Erlösergestalt McMurphy im neutestamentarischen Kontext spielt eine erhebliche Rolle im Roman, tangiert den Untersuchungsgegenstand aber nur sehr bedingt und soll an dieser Stelle daher nicht weiter erörtert werden.

Befähigten mit jener der in der Höhle verbliebenen verglichen werden. Die viel vehementeren Übergriffe gegen die anderen Patienten erklärt dieses Gleichnis hingegen auch nicht. Auch Aristoteles' Satz: „Wir werden durch gerechtes Handeln gerecht, durch Beobachtung der Mäßigkeit mäßig" (siehe oben), findet vor dem Hintergrund des generischen Kindheitserlebnisses seine Anwendung. Bewahrheitet sich seine Aussage, so muss sich im Umkehrschluss auch das Erlebnis absoluten Horrors im Beobachter indoktriniert und diesen Zustand unwiderruflich manifestiert haben.

Augustinus würde seine Lehre vom durch die Ursünde im Menschen inhärenten Bösen durch die Taten der Wärter – ähnlich seinem Birnendiebstahl – wohl bestätigt sehen. Die Aufseher handeln unabhängig davon, ob sich für sie aus ihren Taten ein unmittelbarer Vorteil erwächst oder nicht. Insofern gehen sie sowohl konform mit Augustinus' Betrachtungen als auch mit der schopenhauerschen Definition des Bösen. Auch die völlige Missachtung des kategorischen Imperativs hätte dessen Schöpfer wohl zu der Annahme der Richtigkeit seiner Theoreme verleitet. Da die Hinwendung zum Bösen im vollen Bewusstsein des dabei erzeugten Leidens beim Subjekt geschieht, muss, ähnlich wie bei Schopenhauer, der Sadismus der Wärter, will man in kantschen Termini verweilen, unter die Kategorie der „reinen Bösartigkeit" rubriziert werden. Selbst Nietzsche, der Nonkonformist aller Philosophen und Moralisten, würde weder im Leiden der Patienten eine Sklavenmoral, noch in den Taten der Wärter den Ausdruck eines unbändigen Willens zum Höheren diagnostiziert haben. Keines jener Phänomene ist nämlich Produkt eines individuellen Strebens, keines ist Ausguss des bejahenden Lebenswillens der menschlichen Kreatur. Sie sind viel eher zu verorten auf einer Ebene unbedingten Gehorsams und Autoritätswahns, deren trieberstickende Gewalt die einen zu Opfern und die anderen zu Opfern der Opfer werden lässt.

Besonders auffällig werden die Analogien jedoch, wenn man sich den Erkenntnissen Freuds und der Frankfurter Schule zuwendet. Für Freud ist der Ursprung des Bösen nicht nur jener *Thanatos*, der sich auf der Ebene des „Es" verortet, es ist vielmehr die Verhinderung der Auslebung des *Eros*, seines Antipoden, wodurch die Genesis des Bösen zu begründen ist. Durch die Blockade des „Über-Ich" entsteht die durch Freud beschriebene „narzisstische Kränkung" und der Drang, das Objekt dieser Blockade zu beseitigen. Nun ist dieses Objekt, allgemein und auch im konkreten Fall, identisch mit den Institutionen des „Über-Ich" (hier Ratched und die Gesellschaft im Ganzen), welche nicht angegangen werden können, ohne den Verlust der Privilegien dieser Gesellschaft (Arbeit, „Freiheit"). Infolge dieser Unauflösbarkeit des Problems kanalisieren die Wärter die eigentlich positiven Kräfte des *Eros* in aggressive Habitus. Die Enge, die Unfreiheit, das „ungelebte Leben" verhindert das für den Ausgleich von *Thanatos* und *Eros* notwendige Lustempfinden und resultiert im „Destruktionstrieb" (Fromm).

Die Aufgabe der Selbstverwirklichung, die mit der Tristesse des Berufs des Aufsehers einhergeht, fördert den Wunsch nach der Befreiung von jener Existenz. Eine Option hierzu, ein anderer Lebensentwurf kann von den Wärtern gar nicht erdacht werden, weil sich der Mensch so sehr mit dem Istzustand des Daseins assoziiert, dass jedwede Alternative als Utopia bezeichnet werden muss.[133] Was übrig bleibt, ist die Bejahung des Seienden, die unbedingte Identifizierung mit der herrschenden Rationalität und die unerfüllten Triebe der unbewussten Wunschfantasien. In der unbedingten Funktionalisierung der Menschen, ihrer einzig übrig bleibenden Identität als *orderlies*, verlieren sie ihre Menschlichkeit und ergeben sich dem absoluten Gebot der Produktion: „Es gibt keinen Unterschied zwischen dem wirtschaftlichen Schicksal und den Menschen selbst. Keiner ist etwas anderes als sein Vermögen, sein Einkommen, seine Stellung …" (Horkheimer/Adorno, siehe oben). Im Zuge dieser Logik scheint das Schicksal der Patienten für die Funktionalität der Gesellschaft gleichgültig. „Diese [die Gefolgschaft] aber, die weder ökonomisch noch sexuell auf ihre Kosten kommt, hasst ohne Ende; sie will keine Entspannung dulden, weil sie keine Erfüllung kennt."[134]

3.2.4. Täter oder Opfer?

Der nicht zu leugnenden Bosheit und ihrem Status als Verursacher von Leiden zum Trotz muss doch noch einmal an die zwiespältige Lage der Wärter erinnert werden. In Anbetracht der Misshandlungen und eingedenk der Niedertracht, mit welcher diese begangen werden,

---

[133] Herbert Marcuse, *One-Dimensional Man* 149.
[134] Horkheimer und Adorno 180.

muss den *orderlies* das Epithethon „Täter" wohl unweigerlich zugewiesen werden. Dennoch ist ein jedes Fazit unvollständig, bei dem der Aspekt der Vergewaltigung der Mutter und die Ermordung des Vaters unberücksichtigt bliebe. Die Existenz der Washingtons, Warrens und Williams der 1960er Jahre war eine solche, die nicht selten von Diskriminierungen und Misshandlungen geprägt war. Dieser Umstand der Bipolarität zwischen Opfer und Täter findet bei Kesey – leider nicht bei Wassermann und Forman – seine Berücksichtigung.

„Black is ... used as the metaphorized color of revenge or anticipated violence"[135], schreibt Dean A. Miller. Auch wenn dies im Roman seine besondere Entsprechung findet, so ist es doch vielmehr auch Ausdruck und Chiffre eines Amerikas des Rassenhasses. *„The black boys are clearly serving the Combine in order to wreak vengeance on their white oppressors, ... society has victimized them"*[136], ist daher auch die Schlussfolgerung McMahans. Auch Boardman geht mit dieser Meinung d'accord, wenn er sie gleichsam als *"victims"*[137] beschreibt. In der Tat kann dieser Tatbestand in der Darstellung des Buches nicht wegdiskutiert werden und ist wohl validester Beleg gegen die These des unsensiblen Autors Kesey.

Es muss aber auch festgehalten werden, dass es nicht so einfach ist, wie McMahan in einem weiteren Aufsatz schreibt: „ ... *Cuckoo's Nest seems to excuse the behavior of the black orderlies, portrayed as retaliating victims*."[138] Dieser These kann schon allein wegen der Vielzahl der Übergriffe und der Hilflosigkeit der Patienten nicht entsprochen werden. Was Kesey im Sinn hatte, war vielmehr die Zeichnung einer inneren Dialektik, eines Wesens der Aufseher, das zwischen den Polen Opfer und Täter oszilliert, in dieser Zerrissenheit die Verletztheit des Opfers jedoch verbirgt und den Verletzungswillen des Täters nach außen trägt.

---

[135] Dean A. Miller, *The Epic Hero* (London: John Hopkins University Press, 2000) 283.
[136] Elizabeth McMahan, „The Big Nurse as Ratchet: Sexism in Kesey's Cuckoo's Nest," *A Casebook on Ken Kesey's One Flew Over the Cuckoo's Nest*, ed. George J. Searles (Albuquerque: University of New Mexico Press, 1992) 146.
[137] Cf. Boardman 180.
[138] Elizabeth McMahan, „A Sexist Novel," *Readings on One Flew Over the Cuckoo's Nest*, ed. Lawrence Kappel (San Diego: Greenhaven Press, 2000) 79.

Betrachtet man Keseys Darstellungen in seiner Gesamtheit und übersieht hierbei auch nicht die zahlreichen Details, die er in seinem Werk einzugliedern verstand, so muss konstatiert werden, dass die Lage der Farbigen im Roman als Perpetuierung der Sklaverei begriffen werden kann – ein wichtiger Aspekt, der weder im Drama noch im Film eine adäquate Reflexion gefunden hat. Dafür spricht die hierarchische Struktur, mit der weißen, gegenüber ihren Unterstellten herablassenden Ratched als Befehlsgeber und Afroamerikanern als Befehlsempfängern. Das Aufgabenfeld der letzteren umfasst hierbei keine Aktivität, die eigenständiges Denken oder Entscheidungen (es sei denn jene zur Unmenschlichkeit) impliziert. Ein weiterer Beleg für diese These ist Bromdens Erinnerung an die symbolische *cotton* (!) *mill*. Nur sind es im technokratischen Zeitalter nicht Ackerwege, sondern *„aisles of machines"*[139], die von den farbigen Mädchen in Schwerstarbeit gesäumt werden.

Washington, Warren und im Roman Williams sind daher Opfer eines Systems, das ihre Vergangenheit geprägt hat und ihre Gegenwart diktiert. Um die empfundenen Schmerzen und Erniedrigungen ertragen zu können, haben sie sich bewusst entschieden, selbiges anderen Menschen zuzufügen. Ihr Status als Täter, als Verursacher von Bösen, kann daher bedingt relativiert, aber nicht entschuldigt werden.

3.3. The Big Nurse – Das personifizierte Böse?

3.3.1. Darstellung im Roman und Drama – Mensch, Maschine und Kontrolle

Eine ganz andere Form des Bösen begegnet dem Leser in der Gestalt der *nurse* Ratched. Für viele der Inbegriff des Übels wurde die von Kesey geschaffene Figur ein Synonym für Manipulation und Willensoktroyierung. Bromden beschreibt, ähnlich wie bei den Wärtern, die bedrohliche Aura der Figur Ratched gleich zu Beginn des Buches und assoziiert sie mit der Unerbittlichkeit einer Maschine: „... *her painted smile twists, stretches to an open snarl, and she blows up bigger and bigger, big as a tractor, so big I can smell the machinery inside the way you smell a motor pulling too big a load."*[140] Der autodiegetische Erzähler apostrophiert

---

[139] Kesey 49.
[140] Kesey 9.

die ihm Furcht einflößende Ratched als „*Big Nurse*", ein Terminus, der an den dystopischen „*big brother*" (George Orwell) und einer deindividualisierten, durch fortwährende Kontrolle definierten Gesellschaft erinnert.[141] Auch McMurphys „*Rat-shed*"[142] erinnert an die mit Ratten gefüllte und an dem Kopf gezurrte Apparatur aus *1984*.[143]

Bromden sieht in Ratched die Zentralfigur der auf der Station stattfindenden Manipulation und Ungerechtigkeit. Doch auch ihre „*precise, automatic gesture*" wurde gefertigt, auch die *Big Nurse* ist in der Betrachtung des Erzählers also ein Instrumentarium einer höheren Macht. Der einzige Makel in dieser Konstruktion sind die „*big womanly breasts*"[144], die der absoluten Mechanisierung, zumindest im von Bromden geschilderten Erscheinungsbild, entgegenwirken. Dieser Gedanke evoziert wiederum den Mythos der Amazonen, die Aischylos als *styganor* (gr. „männerhassen") beschrieb, und deren Name sich wohl von *a* (gr. „ohne") und *mazos* (gr. „Brust") herleitet.[145]

Nach der ersten Begegnung mit McMurphy begegnet dem Leser eine ungewollte Selbstoffenbarung der *Big Nurse*, die, ähnlich wie die Aufseher, ihre negativen Antriebe und Motive auf ein Ersatzobjekt projizieren, um selbiges zu desavouieren. Voller Antipathie und kalkulierender Vorausschau eröffnet sie ihrer Mitarbeiterin, dass der neue Patient ein „*manipulator*" sei, dessen alleiniges Ziel „[the] *feeling of power and respect*"[146] wäre. In bezeichnender Weise beschreibt sie dabei unbewusst ihre charakteristischsten Eigenschaften. Im selben Gespräch, welches auch den sprunghaften Fokalisationspunkt belegt, reminisziert sie über Taber, einen in ihren Augen McMurphy nicht unähnlich zu scheinenden Delinquenten: „,... *he was an intolerable Ward Manipulator. For a while.'* ... *Her eyes get far-off and pleased with the memory. 'Mistur Tay-bur,' she says.*"[147] Wenn wenig später das

---

[141] Terence Martin, „*One Flew Over the Cuckoo's Nest* and the High Cost of Living," A Casebook on Ken Kesey's One Flew Over the Cuckoo's Nest, ed. George J. Searles (Albuquerque: University of New Mexico Press, 1992) 38.
[142] Kesey 120.
[143] Cf. Laszlo K. Gefin, „The Breasts of Big Nurse: Satire Versus Narrative in Kesey's *One Flew Over the Cuckoo's Nest*," Modern Language Studies 22.1 (1992): 97.
[144] Kesey 10.
[145] Cf. Mario Klarer, Frau und Utopie: Feministische Literaturtheorie und Utopischer Diskurs im Anglo-Amerikanischen Roman (Darmstadt: Wissenschaftliche Buchgesellschaft, 1993) 10.
[146] Kesey 35.
[147] Ibid.

Schicksal Tabers (Prolepsis des Schicksals McMurphys) preisgegeben wird, so besteht spätestens ab diesem Punkt kein Zweifel mehr an den Intentionen Ratcheds: „*He's happy with it. He's adjusted to surroundings finally. ... a little black and blue around the eyes* [!] *... and, you know what? He's a new man.*"[148] Dieselbe sadistische Süffisanz – „*face is smiling*"[149] – bricht wiederum aus ihrer selbst auferlegten Maske emotionaler Kälte hervor, wenn sie Sefelts epileptischen Anfall beobachtet und kommentiert

In den meisten Fällen ist eine „Behandlung", wie sie Maxwell Taber oder Jim Sefelt zu Teil wurde, allerdings nicht vonnöten. Ratched manipuliert ihre Patienten mithilfe eines Log-Buches, deren Einträge ihre Patienten einander denunzieren lassen. In dieser Atmosphäre kreiert sie ein Misstrauen, dass die Menschen ihre Handlungen und Aussagen in jedem Augenblick auf Konsequenzen überdenken und sie dabei weniger Mensch sein lässt. Durch Wiederkehrendes vor Augen halten der Schwächen ihrer Patienten (Hardings sexueller Unzulänglichkeit etc.) gelingt ihr die Etablierung einer Mikrogesellschaft, die die Minderwertigkeitskomplexe ihrer Individuen als Instrument gegen die mögliche Entwicklung einer lebensbejahenden Persönlichkeit funktionalisiert. In diesem Matriarchat, in welchem Ratched ihre Patienten eben auch als zu erziehende Kinder behandelt – „*Good evening boys. Behave yourselves.*"[150] – manifestiert sich das Böse im Verlangen der absoluten Kontrolle und der Vernichtung jeglicher Devianz.

Dabei gelingt es Nurse Ratched jedoch nicht immer, die von ihr für sich entwickelte Persona der robotergleich funktionierenden Kontrollinstanz aufrechtzuerhalten. Gleichwie McMurphy die *orderlies* in Rage bringt, indem er seine Zähne mit Seifenpulver reinigt, so schafft es selbiger auch durch die Lethargie der Station unterbrechenden Eskapaden Ratched in Zorn zu versetzen. Sowohl die Wärter als auch die Oberschwester projizieren ihre Wut in auffallend paralleler Weise auf Ersatzobjekte – die ihnen Unterlegenen. In ihrem Falle konzentriert sich ihre Rage auf Washington, Warren und Williams. Dabei versucht sie mit aller Gewalt, die in ihr aufkommenden und sie menschlich erscheinen lassenden

---

[148] Ibid. 51.
[149] Ibid. 211.
[150] Ibid. 98.

Gefühlsregungen zu verbergen: „*She can't have them see her face like this, white and warped with fury.*"[151]

Die Perfidität ihres Machtwillens drückt sich wenig später auch in der Abstimmung über das anstehende Baseballspiel aus. Solange der Mechanismus der freien Wahl über bestimmte Dinge der *ward policy* nicht beansprucht wurde, weil von Seiten der Patienten ohnehin kein Wille zur Selbstbestimmung zu erwarten war, konnte der Gedanke der Demokratie als angewandte Methode aufrechterhalten werden. Beim ersten Anzeichen der Nutzung dieser bis dato nur *in abstracto* existierenden Teilautonomie jedoch, verweigert Ratched ihren Patienten die Mehrheit.[152] Kesey ruft hier die Mechanismen eines totalitären Regimes ins Gedächtnis, das Wahlen für ungültig erklärt, sobald selbige dem eigenen Machtanspruch widerstreben könnten.

Wenig später eröffnet sich dem Leser eine weitere Parallele dieser Art. Nachdem McMurphy George gegen die Misshandlungen Washingtons beschützte und Ratched daraufhin eine ECT (*electroconvulsive therapy*) verordnet, lässt sie ihm die Möglichkeit offen, durch ein Geständnis dieser Behandlung zu entgehen.[153] Das Schuldeingeständnis unter Androhung von Folter evoziert hier erneut die Machtmittel eines Unrechtssystems. Würde das ECT als wirkliche Maßnahme betrachtet, so ergäbe auch dessen Aussetzung bei einem öffentlichen Geständnis keinen Sinn. Kesey erinnert hier an Phänomene wie die spanische Inquisition, die Hexenprozesse des 17. Jahrhunderts, oder auch an Millers *The Crucible*, um einen Vergleich im literarischen Bereich zu bemühen.

Nach ihrem Gesichtsverlust ist Ratched bestrebt, ein Martyrium zu verhindern. So richtet sie ihren kalkulierenden Blick auf das Temperament des Delinquenten, dessen Unbeugsamkeit sie ihrer finalen Rache versichert. Wenn im Gruppengespräch des Mitarbeiterstabes ein Psychiater einen möglichen Gewaltausbruch McMurphys mit den Worten „*damn fool collitch-kid* [!] *pryin'!*" imitiert, so ist es die Oberschwester, deren Einspruch die Überführung McMurphys in eine ordnungsgemäße Justizanstalt verhindert.

---

[151] Ibid. 124.
[152] Ibid. 171.
[153] Ibid. 338.

Indem er Ratched sagen lässt, „*what is it you college boys* [!] *say*"[154], suggeriert Kesey in dieser Szene, dass die Aggression, welche von den Doktoren in McMurphy vermutet wird, von selbigen eigentlich bei ihr zu diagnostizieren wäre.

Nurse Ratched versucht daraufhin McMurphy aufgrund seines von seinen Mitpatienten gewonnen Geldes als Egoisten und (erneut) als Manipulator zu brandmarken. Dieser Versuch scheitert jedoch nach anfänglichem Erfolg, da McMurphy, im Akt der Verteidigung Georges gegen die Übergriffe der Aufseher, seinen Charakter als Freund und Beschützer seiner Leidensgenossen unter Beweis stellt. Auch der Morgen nach der Party enthüllt die Heimtücke Ratcheds. Geistesgegenwärtig instrumentalisiert sie die Schwäche des am Ödipuskomplex leidenden Bibbit und transformiert das ihm erstmals zuteilwerdende Gefühl des Selbstbewusstseins in panische Angst: „*What worries me, Billy, is how your poor mother is going to take this.*"[155] Die Satirezeitschrift MAD persiflierte diese Szene, indem es die *Big Nurse* Folgendes sagen lässt: „*But I'm still going to tell her because I see something in you today that I've never seen before and I want to destroy it immediately. That rotten SELF-CONFIDENCE* [sic]!!"[156] Nach Billy Bibbits Selbstmord wird McMurphy erneut dazu hingerissen, seinem Freund *post mortem* zu Hilfe zu eilen. Bevor er Ratched attackiert, begegnet dem Leser erneut einer ihrer Versuche, ihr innerstes Wesen auf andere zu reflektieren. Sie beschuldigt McMurphy für den Tod Bibbits (und Cheswicks) verantwortlich zu sein – „*as if you thought youself be God*!"[157] McMurphys Temperament lässt die ihm eingeborene Schutzfunktion vergessen. Sein Angriff und sein Schicksal als Rebell enden, wie sie enden müssen.

Das Thema der, „*self-proclaimed divinity*"[158], der gottgleichen Gewalt der Oberschwester, wird noch einmal am Ende des Buches aufgegriffen. Bevor Bromden den post-operativen McMurphy mit einem Kissen erstickt, bemerkt dieser einen „*cold moon at the*

---

[154] Ibid. 191.
[155] Ibid. 379.
[156] Dick DeBartolo and Mort Ducker, „One Cuckoo Flew over the Rest," wiedererschienen in *A Casebook on Ken Kesey's* One Flew Over the Cuckoo's Nest, ed. George J. Searles (Albuquerque: University of New Mexico Press, 1992) 180.
[157] Kesey 383.
[158] Schopf 89.

window, pouring light into the dorm like skim milk"[159]. Der Mond ist hierbei *"symbol of the female principle, ... believed to control human destiny* [with] *cold indifference*"[160]. Es scheint, als übe Ratched ihre Herrschaft und Kontrolle auch in ihrer Abwesenheit aus. Die bedrohliche Gestalt des Mondes fungiert hierbei als ihr nocturnales Äquivalent, welches durch ihr Licht, das milchig den Schlafsaal durchströmt, erneut versucht Bromden im Nebel gefangen zu nehmen. Drohend begleitet ihn dieses Licht auf seinem Weg zum *control panel* und hinaus in die Freiheit. Der Weg in die Freiheit, *"into the moonlight*"[161], kann als finale Konfrontation mit Ratched gelesen werden, welche Bromden besteht. *"The glass splashed out in the moon, like a bright cold water baptizing the sleeping earth*"[162], erinnert an das materielle Durchbrechen einer eigentlich psychologischen, aber hier durch Glas objektivierten Trennwand, die McMurphy zuvor schon zu durchbrechen wagte.[163] Die Szene erinnert jedoch auch an eine Erscheinung, die Bromden vor seinem Ausbruch hatte: *" ... when he* [ein Hund, den Bromden nachts durch ein Fenster beobachtet] *got to his feet and shook himself a spray came off him in the moon like silver scales.*"[164] Der Roman suggeriert im Anschluss den Tod des Hundes, da er einem Auto entgegenläuft (Natur unterliegt Maschine). Auch Bromdens Schicksal (im Mondlicht) lässt Kesey letztendlich offen.

Im Hinblick auf die Darstellung der Oberschwester im Drama schreibt Walter Kerr: *"Nurse Ratched isn't human. She is entirely malevolent, without any saving softness or familiar margins of error. She is herself a computer.*"[165] Und in der Tat scheint das mit der Oberschwerster assoziiert Böse im Drama nicht an „Qualität" zu verlieren. Zu Beginn der Beschreibung der ersten Szene wird die oben genannte Metapher über die *„godlike power*"[166] Ratcheds erneut bemüht. Auch Wasserman ist bestrebt, das Bild des maschinellen Menschen –

---

[159] Kesey 389.
[160] „Moon," *The Complete Dictionary of Symbols*, ed. Jack Tresidder (San Francisco: Chronicle Books, 2004) 322.
[161] Kesey 392.
[162] Ibid. 391.
[163] Ibid. 132.
[164] Cf. Ibid. 239.
[165] Walter Kerr, „... And the Young Flew over the Cuckoo's Nest," *Ken Kesey.* <u>One Flew Over the Cuckoo's Nest</u>: *Text and Criticism*, ed. John C. Pratt (New York: Penguin, 1977) 448.
[166] Wasserman 7.

„*flesh-colored enamel*" – und des matriarchalischen Potentaten einer Mikrogesellschaft – „*Behave yourself, boys!*"[167] – darzustellen.

Auch Wasserman nimmt sich Zeit, die Gruppentherapien und die wiederholte Bloßstellung ihrer Patienten als ihr vornehmlichstes Machtmittel darzustellen. Die Verfügungsgewalt über den ihr nur formell vorgesetzten Dr. Spivey („*obediently*") wird in diesen Sitzungen ebenfalls glaubhaft vermittelt. Worin Wasserman doch sehr stark divergiert, sind die offenkundigen Kompromittierungen der Hardings und Bibbits, im Vergleich zu Passagen, in denen Kesey die Schlussfolgerung dem Leser überlässt. Hierbei unterbricht sie zum Beispiel die Ausführung Hardings, um diesen anschließend das Wort „*sexually inadequate*"[168] in den Mund zu legen. Auch die unqualifizierten Einwürfe Cheswicks und Scanlons („*faggot*") unterbindet sie nicht, sondern scheint diese als Teil ihrer „Behandlung" sogar provozieren zu wollen. Auch der Umgangston den Wärtern gegenüber – „*Warren. Come here.*"[169] – lässt an ihrer Omnipotenz keinen Zweifel.

Anders als im Roman gibt Wasserman ihr aber einen privaten Hintergrund, wenn Harding McMurphy eröffnet, dass Ratched „*no life, no husband, nothing but her work*"[170] als ihr Eigen bezeichnet. Dadurch verliert die *Big Nurse* etwas von ihrem Mythos, der sich im Buch durch das Fehlen eines jedweden außerdienstlichen Bezuges manifestiert. Wenn Spivey ohne Ratcheds Wissen den Besuch Candy Starrs abzeichnet, kanalisiert die Oberschwester ihren Hass wiederum auf ihre Patienten. Als Vergeltung dafür, übergangen worden zu sein, hält sie der Gruppe Bibbits Sprachprobleme und seine ehemalige Beziehung zu einer „*slut*" vor Auge. Das Nichtberücksichtigen Ratcheds bei Spiveys Entscheidung ist eine Parallele zu dem ihr verweigerten Leben außerhalb der Heilanstalt. Den Angriff auf ihre Autorität innerhalb ihres Machtbereiches nimmt sie als widerrechtliches Betreten ihres letzten noch verbliebenen Refugiums wahr. Wenn, ähnlich wie im Buch, die lediglich nominell existierende Stationspolitik der Mitbestimmung durch einen reellen *patients' council* ersetzt werden soll und die manipulierte Wahl in der bekannten Charade vor dem Fernseher endet, wird der Kontrollverlust der Schwester ersichtlich.

---

[167] Ibid. 9 und 11.
[168] Ibid. 24.
[169] Ibid. 35.
[170] Ibid. 27.

Ihre Vergeltung lässt jedoch nicht lange auf sich warten. Sie legt McMurphy seinen Status als Zwangseingewiesenen dar und deklariert die Lage der Patienten pauschal als Fehlprodukt ihrer elterlichen Erziehung. Darüber hinaus zwingt sie Bromden etwas zur Gruppendiskussion beizutragen und beraubt ihm somit seiner letzten Trumpfkarte. Jedoch restituieren auch diese Maßnahmen nicht die gewohnte Ordnung. Die finale Szene ähnelt jener des Buches. Allerdings verdeutlicht Wasserman die Intention Ratcheds, McMurphy einer Lobotomie zu unterziehen. Nicht nur wurde dies von ihr zuvor vorgeschlagen, was im Roman nicht der Fall ist, sie weist auch die sich neben ihr befindenden Wärter an, nicht einzugreifen, bis McMurphy tatsächlich die vom Dr. Spivey geforderte *"uncontrollable violence"* offenbart. Auf diese Weise stellt sie sicher, dass die Operation letztlich bewilligt werden muss. Wenn sie nach erfolgtem Eingriff triumphierend in das leblose Gesicht hinunterblickt und ein *"that's just fine"* murmelt, wird ihre Niedertracht zum letzten Mal offenbar.

"It [das Drama] *allows less time for reflection and simplifies interior emotions by portraying them as action"*, resümiert Fifer. Es wird dabei deutlich, dass Wasserman bestrebt ist, auch den Charakter der *Big Nurse* geradliniger zu vermitteln. Dadurch verliert die Figur aber auch merklich an Facettenreichtum und Interpretationspotential. Im Roman ist das Böse verschlungen in bloß zu erahnenden intriganten Motiven, deren volles Ausmaß sich oft erst Seiten später erschließt. Im Drama begegnet dem Leser dieses Böse direkter, bedrohlicher und doch weniger rätselhafter. Das Bild des Bösen gewinnt dadurch an Offensichtlichkeit, verliert aber an Tiefe. Da Wasserman jedoch, vielleicht bei gleichzeitiger Vernachlässigung der Wärter, seinen Fokus sehr stark auf das Böse der *Big Nurse* richtet, kann die Umsetzung der Romanfigur in Anbetracht der gegebenen Parameter des Genres Drama dennoch als gelungen erachtet werden.

3.3.2. Darstellung im Film – Ein menschliches Antlitz des Bösen?

Louis Fletcher, die in *One Flew Over the Cuckoo's Nest* die Rolle der Oberschwester übernahm, wurde von Kritikern für ihre Leistung mit dem *Academy Award* ausgezeichnet. In der Tat scheint vor allem die mimische Darstellung Fletchers mit der Philosophie Formans zu harmonieren. Janet Walker umschreibt die physiognomische Interpretation der Nurse Ratched als „diabolisches Leuchten"[171]. Frank Kermode rühmt über den Aspekt des Bösen hinaus die Vielgestaltigkeit der Darstellung (Bild 5): „ *... smile of nightmare rightness and kindness which shifts, with little perceptible alteration, into a mask of hatred and menace that is still somehow right, forbearing.*"[172]

Bild 5: Forman 00:36:30.   Bild 6: Forman 01:48:51.

Bild 6 ist ein weiteres Beispiel gelungenem Schauspiels in Kombination mit kinematographischer Präzision. Während *nurse* Flinn nach der unerlaubten Party der Patienten ihr Unbehagen im Betasten ihrer Hände verrät und Washington mit der maximalen Breite seiner Statur die bedrohliche Geste der baldigen physischen Vergeltung einnimmt, ist es Ratched, die im Zentrum der Aufnahme eine offiziersartige Kontenance ausstrahlt. MacDonald verweist zudem auf das sich über ihr befindliche, rote Licht, das im Film nicht nur die verbotene Welt außerhalb des Hospitals kennzeichnet, sondern speziell in dieser Szene auch die gärende Wut der Oberschwester nach außen trägt.[173]

Das Thema der primären Kontrollinstanz, welche sich in Ratched manifestiert, begegnet dem Zuschauer auch in weiteren, ähnlichen Kameraeinstellungen. Während des Basketballspieles lässt Forman die Oberschwester beispielsweise im gleichen Gestus von einem erhöhten Punkt und hinter Stacheldraht erscheinen. Dieses Bild verdeutlicht erneut ihre

---

[171] Janet Walker, „Psychotherapy as Oppression? The Institutional Edifice," *Celluloid Couches, Cinematic Clients: Psychoanalysis and Psychotherapy in the Movies*, ed. Jerrold R. Brandell (Albany: State University of New York Press, 2004) 116.
[172] Kermode 168.
[173] George B. MacDonald, „Control by Camera: Milos Forman as Subjective Narrator," *A Casebook on Ken Kesey's One Flew Over the Cuckoo's Nest*, ed. George J. Searles (Albuquerque: University of New Mexico Press, 1992) 167.

Autorität und ihr wachsendes Unbehagen im Betrachten der sich sukzessive steigernden Ausgelassenheit, die McMurphy in den anderen Patienten zu entfachen vermag. Die dunklen Konturen des Baumes, welche sich polymorph aus der Gestalt Ratcheds zu erheben erscheinen, erinnern zusätzlich an das von Bromden beschriebene „*center of this web of wires*"[174] – das Zentrum der Kontrolle (Bild 7).

Bild 7: Forman 00:21:26

Auch Formans verstörende Erfahrungen mit der Vernichtungspolitik des Nationalsozialismus und des totalitärem Regimes der CSSR scheinen im Film ihren Niederschlag gefunden zu haben. Die Embleme, die bei genauerer Betrachtung der Uniform Ratcheds zu beobachten sind (Bild 8), erinnern wohl nicht zufällig an die weit verbreitete Symbolik nationalsozialistischer Herrschaft. Die Interpretation des Äskulapstabes ruft den ubiquitären Reichsadler deutscher Militärs in Erinnerung (Bild 9). Die sich darunter befindende, nicht zu definierende „Kokarde" weist in Form und Größe dieselben Parameter wie das Parteiabzeichen der NSDAP auf (Bild 10).

---

[174] Kesey 37.

Bild 9:
http://pluspunkt.at/var/storage/images/medien/images/reichsadler/11330-3-ger-DE/reichsadler.png (05.10.2011).

Bild 10:
http://www.muenzauktion.com/futter/item.php5?id=1902&ref=froogle (05.10.2011).

Trotz dieser Beispiele gehen viele Kritiker darin konform, dass die *Big Nurse* des Films doch grundlegend verschieden sei von jener des Romans oder des Dramas. Fletcher habe der Oberschwester einen Aspekt der Menschlichkeit verliehen, der ihre Rolle als Bösewicht zu überdenken nötige.[175] In der Tat sucht man das böse Kalkül der Ratched des Buches oder die offenkundige Drohgebärde der dramaturgischen Version vergeblich. Im Audiokommentar zum Film bestätigt sich dieser Verdacht. Forman legt seine Beweggründe für diese Entscheidung mehrmals dar. Der Regisseur glaubte einen „*much more powerful [character]*" erschaffen zu können, der eben nicht von dem Element des „*visible evil*"[176]

---

[175] Cf. Lawrence Kappel, „Ken Kesey: Life before, during, and after and Extrodinary Interlude," *Readings on One Flew Over the Cuckoo's Nest*, ed. Lawrence Kappel (San Diego: Greenhaven Press, 2000) 27.
[176] Milos Forman, Audiokommentar zum Film *One Flew Over the Cuckoo's Nest*, 01:57:30.

begleitet wird. Vielmehr war er bestrebt, eine Figur zu erschaffen, deren Perspektive von der Überzeugung ihrer Tätigkeit so sehr durchdrungen ist, dass sie die Ausmaße ihrer Handlungen nicht zu begreifen erscheint: „*The Big Nurse, like many people, do a lot of damage throughout their lives, are not even aware* [sic]. *They would just like to help. They are so sure, so sure, they are right in doing what they are doing.*"[177]

Bezeichnend für diese filmische Modifikation ist hier unter anderem die Szene nach Bibbits Selbstmord. Ungleich der Ratched des Romans und des Dramas, die in der Folge McMurphy beschimpft und als eigentlichen Schuldigen dieser Tat bezeichnet, ist die Reaktion im Film eine andere. Wie auch zuvor kein direkter Angriff auf McMurphy zu beobachten ist, so bemerkt die Oberschwester ebenso in dieser Szene lediglich, dass doch Ruhe zu bewahren wäre (Bild 11). Forman zeigt hier auf subtile Weise, dass das sterile Verlangen nach Kontrolle den menschlichen Instinkt bis zur Unkenntlichkeit erodiert hat. Es ist daher auch die absolute Weigerung McMurphys, nach dem Tod Bibbits die Fortsetzung der repressiven Routine zu erlauben, die ihn zu seiner Tat verleitet.

Bild 11: Forman 01:56:37.

Jedoch waren auch nicht wenige kritische Stimmen zu vernehmen, die die Wandlung der Figur als Fehler bezeichneten. Die „*initially good intentions*"[178], die lediglich durch den Wahn der eigenen Funktionalisierung ins Böse pervertiert wurden, sind für Boardman ein

---

[177] Ibid. 01:05:45.
[178] Thomas J. Slater, „The Camera as Narrator," *Readings on One Flew Over the Cuckoo's Nest*, ed. Lawrence Kappel (San Diego: Greenhaven Press, 2000) 185.

kontraproduktives Element: „*For the dramatic requirements of the story, Nurse Ratched had to be very nearly an incarnation of evil.... ... the forces opposing him* [McMurphy] *must not only seem nearly omnipotent, but must not be too „understandable," and never sympathetic.*"[179]

Es muss festgehalten werden, dass das Böse, das im Roman und im Drama in der Form der *Big Nurse* evident zum Vorschein tritt, weniger leicht in der dialektischeren Ratched des Films zu verorten ist. Der Zuschauer steht am Ende vor der Frage, auf welchen Entscheidungen der Oberschwester sich das Schicksal der Patienten begründet. Der Horror, der im Roman von den Subjekten ausgeht, scheint im Film auf einer höheren Ebene verortet. Wenn Forman abschließen bemerkt, dass seine Ratched nur ein „*instrument of evil*"[180] ist, muss geschlussfolgert werden, dass sie Opfer eines Kontrollfanatismus ist, der wiederum andere zu Opfern werden lässt. Der Ursprung dieses Dogmas der Kontrolle – *The Combine* im Roman – wird jedoch dann von Forman auch kaum thematisiert. Was der Film aber im Zuschauer hinterlässt, ist die Vertiefung des Gedankens über für unumstößlich gehaltene Werte (Ordnung, Kontrolle etc.), deren Unbedingtheitsanspruch die Fähigkeit zur Wahrnehmung menschlicher Belange unterhöhlt.

3.3.3. Emaskulation als Prinzip – Frauen als „*ball cutter*" ?

Analog zum Phänomen, dass Kesey den Wärtern allesamt einen afroamerikanischen Hintergrund gegeben hat, kann auch die Frage gestellt werden, die ein aufgebrachter Leser nach der Betrachtung des Theaterstücks in einem Brief an die New York Times formulierte: „*Why is Nurse Ratched ... a woman?*"[181] Auch McMahan schlussfolgert lapidar, „*Kesey unfairly blames all of society's ills on women,*"[182] und erhebt damit den Vorwurf der Misogynie, beziehungsweise, wie ihr Titel beschreibt, des Sexismus. In einem weiteren Artikel versucht sie sich an einem Erklärungsansatz. Ratcheds Charakterfehler seien hierbei

---

[179] Boardman 176.
[180] Milos Forman, Audiokommentar zum Film *One Flew Over the Cuckoo's Nest*, 01:57:30.
[181] Marcia L. Falk, „Letter to the Editor of the New York Times," *Ken Kesey. One Flew Over the Cuckoo's Nest: Text and Criticism*, ed. John C. Pratt (New York: Penguin, 1977) 450.
[182] McMahan, „A Sexist Novel" 79.

das Resultat ihrer Benachteiligung als Frau, welche ihr durch den Vorgesetzten Dr. Spivey immer wieder vor Augen geführt würde. Da „*inequality*" fast ausschließlich darin endet, „*malice*" zu erzeugen, müsse die Oberschwester daher auch als Opfer dieser Benachteiligung dem Bösen verfallen, mit welchem sie dargestellt wird.[183]

McMahans Syllogismus hinkt hierbei gleich an mehreren Stellen. Zum einen ist die Entwicklung des Bösen bei vormaliger Benachteiligung ein Phänomen, das sehr wohl – nicht zuletzt bei den Wärtern in dieser Geschichte – beobachtet werden kann, dennoch ist diese Entwicklung alles andere als „*almost guaranteed*"[184], wie sie es postuliert. Es sind nicht nur prominente Beispiele wie Gandhi oder Martin Luther King Jr., die dieser These widersprechen, auch die Patienten im Roman konterkarieren diese Aussage. Zum anderen kann auch nicht von einer Denigrierung der Frauen in *Cuckoo's Nest* gesprochen werden, da sie sich fast ausschließlich in höher geordneten Positionen befinden. Ja Ratched selbst ist der Manipulator, der es vermag Dr. Spivey, zumindest bis zu einem gewissen Punkt in der Geschichte, mithilfe des Wissens um seine Alkoholsucht ihrem Willen unterzuordnen.

Dennoch ist es zunächst auffällig, dass viele der im Roman dargestellten Frauen negative Bilder vermitteln. Nurse Ratched ist hierbei nur das prominenteste Beispiel. Es sind vor allem die autoritären Mutterfiguren Bibbits und Bromdens, die sich in diese Darstellung einreihen. Auch die einzige Frau aus der Gruppe der Industriellen, der es gelingt, durch eine List den Vater Bromdens in seiner Entscheidungsgewalt zu übergehen, kann als direktes Pendant Ratcheds betrachtet werden. Die ungefährlichen Frauen Candy Starr, Sandra oder *nurse* Flinn bleiben eher durch ihre Passivität und Einfalt im Gedächtnis.

Auch hier kann jedoch eine Parallele zum Phänomen der farbigen Wärter eruiert werden, die oben genannten Vorwurf falsifiziert. Bei detaillierter Lektüre lassen sich zumindest zwei *personae* finden, die dem Bild der bösen/einfältigen Frau widersprechen. Zum einen begegnet dem Leser die „*Jap nurse*" der *disturbed ward*, die McMurphy und Bromden für deren ECT-Behandlung vorbereitet. Kesey zeichnet sie als empathische, intelligente Frau, die wohl nicht zum ersten Mal über die Herrschaft Ratcheds sinniert: „*Army nurses, trying to*

---
[183] McMahan, „The Big Nurse as Ratchet" 149.
[184] Ibid.

run an Army hospital. They are a little sick themselves."[185] Trotz des ungleich schwereren Metiers der *disturbed ward*, offenbart sich die „*Jap nurse*" als Gegenstück der autoritären Figuren im Roman. Wird Kesey hier also Misogynie vorgeworfen, so kann die Frage zu Beginn umgekehrt werden und lauten: „*Why then is the Jap nurse a woman?*"

Zum anderen kann ein Bezug zu den negativen Müttern Bibbits und Bromdens in der Großmutter des Erzählers gefunden werden. In Bromdens Erinnerung erscheint sie als warmherzig und fürsorglich. Die Signifikanz ihrer Figur ist trotz ihrer geringen Präsenz nicht zuletzt durch den Kinderreim, der dem Buch seinen Namen gab, erhöht. Jedoch muss hinzugefügt werden, dass diese Einwände nur für den Roman und, aus Gründen der modifizierten Darstellung Ratcheds, für den Film ihre Geltung haben. Analog zum Sachverhalt der Wärter können diese Gegenargumente nicht für das Drama gemacht werden, die Kritik Falks hat somit ihre Gültigkeit.

Das Böse der *nurse* Ratched verkörpert auch hier nur stellvertretend eben dieses Individuum. Wenn McMurphy die Oberschwester als „*ball-cutter*" bezeichnet, so scheint dieses Zitat in den meisten Rezensionen um einen wichtigen Aspekt trunkiert. Er fährt fort in seiner Analyse der Person, indem er erzählt, dass er in seinem Leben „*thousand of 'em, old and young, men and women*"[186] begegnet sei. McMurphy spricht hier über das gleiche Phänomen, das Bromden als *The Combine* bezeichnet. Menschen, die von einer Macht erfasst sind, die deren Existenz auf das unbedingte Bekenntnis zu Ordnung und Kontrolle reduziert. Sich der Oberschwester seiner ehemaligen Station erinnernd,[187] sinniert Kesey im Nachhinein über die Ähnlichkeit derselbigen mit seiner Figur Ratched: „*She is really just ... trying to do the best she can, according to the rules that she has been given. She worked for the villain and believed in the villain, but she ain't the villain.*"[188]

Nun ist es ein kaum wahrzunehmender Grat zwischen diesen letztgenannten Aspekten. Insofern fällt es doch schwer Keseys letzten Hauptsatz, stünde er isoliert, als solchen mit

---

[185] Kesey 335.
[186] Ibid. 75.
[187] Ken Kesey arbeitet im Jahre 1961 selbst als Wärter im Veterans Administration Krankenhaus in Menlo Park, Kalifornien („Ken Kesey," *Gale Contextual Encyclopedia of American Literature,* ed. Anne Marie Hacht und Dwayne D. Hayes (New York: Gale, 2009) 878).
[188] Robert Faggen und Ken Kesey, „Ken Kesey: The Art of Fiction No. 136," *Paris Review* 35.130 (1994): 69.

Cuckoo's Nest in Einklang bringen zu können. Es bleibt festzuhalten, dass Kesey *nurse Ratched* als fanatische Erfüllungsgehilfin begreift, deren Antriebe auf einer höheren Ebene zu suchen sind. Die Oberschwester ist hierbei aber nicht „*the Big Victim*"[189], sondern, wie die Wärter auch, Produkt einer gesellschaftlichen Manipulation. Ihre Entscheidungen lassen sie nichtsdestotrotz ein Teil jenes Bösen werden, das letztlich erst durch ihr Wirken Realität wird.

3.3.4. Deutung auf philosophischer Basis

„Ein guter Mensch ist ein solcher", suchte es Pieper zu definieren, „der sich in seinen praktischen Überlegungen und Handlungen von moralischen Wertvorstellungen leiten lässt"[190]. Das Besondere an der Person Ratched ist, dass ihr Antrieb weniger als Sadismus, sondern als unbedingter Drang zur Erfüllung eines unhinterfragten Kodexes bezeichnet werden muss. Für den Betrachter fällt es schwer, ihr Wirken auf eine Basis zu fußen, die als Pflicht oder gar als Wertvorstellung bezeichnet werden kann. Im Auge der Oberschwester jedoch sind ihre Handlungen Ausdruck des Strebens der Umsetzung ihres Glaubensgerüsts. Das Leid, das sie in die Welt bringt, ist also nicht, wie bei den Aufsehern, das Ziel ihrer Taten, sondern es wird entweder nicht als solches von ihr perzipiert oder als notwendiges Übel zur Erfüllung ihrer Aufgabe wahrgenommen. *Nurse* Ratched begreift den Grund des Daseins ihrer Patienten zugleich als Schuld. „*A good many of you are in here because you could not adjust to the rules of society in the Outside* [sic] *World, ..., because you tried to circumvent them and avoid them*"[191], könnte ebenso gut als Schlussplädoyer eines Staatsanwaltes gelesen werden.

Ratched sieht sich also in ihrer Funktion als Exekutivorgan eines Systems, dessen Ordnung sie zu erhalten beauftragt ist. Ihre Funktion ist dabei weniger die Wiedereingliederung der ihr untergeordneten Subjekte, als vielmehr die wiederkehrende, ihnen vorgetragene Verdeutlichung ihrer Unfähigkeiten. Leibniz postuliert, dass Gott die Vernunft des Menschen, der ihn nach eigenen Einsichten handeln lässt, nur auf Kosten des „moralischen Bösen" schaffen konnte (Theodizee).[192] Ratcheds Welt scheint jedoch gerade

---

[189] McMahan, ibid.
[190] Pieper 15.
[191] Kesey 237.
[192] Cf. Pieper 68.

auf dem Weg zur Erfüllung des unbedingten Diktates der Vernunft, gegen die „Unvernunft" Einzelner. In Anbetracht des durch sie erzeugten Bösen stellt sich daher die Frage, ob nicht die Vervollkommnung dieses Ideals der Vernunft gleichbedeutend ist mit der Realitätwerdung des allumfassenden Bösen, anstelle des von Leibnitz beschriebenen nur teilweise hervorbrechenden Übels?

Bringt man die Oberschwester in Bezug zu Kants Vorstellungen von den Pflichten und Werten der Menschen, so wird deutlich, dass ihre Absichten nicht mit dem kategorischen Imperativ in Einklang zu bringen wären. Ihr Ziel ist die unbedingte Bewahrung der systematischen Ordnung – „[to] enforce discipline and order"[193]. Dieses *enforcement* hinterlässt aber ein Trümmerfeld gebrochener menschlicher Existenzen. Selbst wenn die Patienten ursprünglich dem Druck des Prinzipienkorsetts der Gesellschaft nicht standhalten konnten, so ist es doch ihre Aufgabe, die Wahrnehmung der eigenen Inkompetenz zu perpetuieren, um die gesellschaftliche Ordnung bewahren zu können. Ratched glaubt an das Gute dieses Zieles und nimmt dafür das Böse ihrer Methoden in Kauf. Dieses teleologische Handeln erschüttert Kants Imperativ, da die Mittel zum Zweck dem Prinzip einer allgemeinen Gesetzgebung zuwiderlaufen würden. Ihr apodiktischer Glaube an diese Form des Utilitarismus würde von Kant als „Unlauterbarkeit" deklariert: Taten also, die den Anschein einer „pflichtgemäßen Handlung" innehaben, jedoch „nicht rein aus Pflicht [im Sinne des kategorischen Imperativs] begangen werden"[194].

Ratched selbst lässt in ihrem Eifer eine Gnadenlosigkeit erkennen, der sie blind macht für jede Selbstreflexion oder Empathie. Die Erfüllung des Dogmas der Pflicht, der Ordnung und der Konformität fungiert hierbei als ihr Ventil des *Thanatos*. Der *Eros* des „Es" wird im menschlichen Rudiment ihrer „*big, womanly breasts*" symbolisiert. Die unbedingte Unterordnung unter die Sterilität einer technokratisch zu funktionierenden Gesellschaft erinnert an Freuds Analyse der Geburt des Bösen aus der Verhinderung der Erfüllung des Liebes- und Sexualtriebes. Die entstandene Aggression aus der Unzufriedenheit speist nicht nur den *Thanatos* als einzig verbliebenes Ventil, sondern gebiert auch einen Hass auf jene Instanzen des „Über-Ich", die für die Blockierung des Eros zu verantworten sind. Da diese

---
[193] Kesey ibid.
[194] Kant, *Die Religion innerhalb der Grenzen der bloßen Vernunft*, ibid. [21] 21-[23] 29, 29-30.

Autorität des „Über-Ich" jedoch identisch ist mit jener Pflicht, in welcher Ratched ihren Existenzsinn zu verorten glaubt, sucht sich dieser Hass andere Objekte. Dieser „Destruktionstrieb [als] Folge eines ungelebten Lebens" (Fromm, siehe oben) findet in der Oberschwester seinen wirkmächtigsten Niederschlag. Anders als bei den Wärtern legitimiert sich dieser Drang zur Vernichtung (jedweder Individualität) nämlich durch das Ziel die Homogenität der Gesellschaft – „das Selbstgefühl der Gemeinde [der Herde]"[195] – zu erhalten. Der Glaube an diesen Endzweck befreit vom Gewissen des Schuldigen. Die Delegierung des Hasses auf die physische Ebene der Wärter – der „Henker, die selbst schon Teil des Bösen sind"[196] – erleichtert von der Last, den Vollzug des Urteils selbst ausführen zu müssen.

„Das kalkulierte Böse entspringt nicht irgendwelchen irrationalen Emotionen, sondern dem Intellekt. ... Von der Regellosigkeit der heißen Gewalt unterscheidet sich die kalte Gewalt durch ihre Ordnung, an die Stelle des Exzesses tritt die systematische Quälerei."[197] Dieses kalkulierte Böse erinnert wiederum an die systematische Brutalität totalitärer Regime. Ratched ist exemplarisch zu betrachten und ordnet sich ein in die „*thousand of 'em*", die in ihrer Gesamtheit die reibungslose Funktion jener repressiven Gesellschaften gewährleisten. Sie ist eine der Erfüllungsgehilfen, „*the very model of the good citizen doing the job, disastrously*"[198].

An dieser Stelle wird die Parallele zwischen Keseys Figur und Arendts Untersuchung der *Banalität des Bösen* offenkund. Es ist dieselbe „Pflichterfüllung" und der „bürokratische Kadavergehorsam", der Eichmann hat funktionieren lassen, ohne dass dieser sich hätte „vorstellen [müssen], was er eigentlich anstelle"[199]. Auch in *Cuckoo's Nest* begegnet dem Leser/Zuschauer eine Welt, in welcher ein willkürlicher „Kanon von *mores* – von Manieren, Sitten, Konventionen", die eigentlichen Grundfesten der Moral substituiert und in der „Herrschaft des Niemand", einer „perfekten Bürokratie"[200], das Leiden erzeugende Handeln anonymisiert. Auch Ratched kann sich in ihrem Tun auf die Normen und Gesetze berufen. Wenn ein Patient einen PA-Status (*potentially* [!] *assaultive*) erhält, so ist es nach den

---

[195] Nietzsche, *Jenseits von Gut und Böse* 89.
[196] Zehm 102.
[197] Thies 127.
[198] Charles Champlin in Safer 158.
[199] Arendt, *Eichmann in Jerusalem* 25 und 56.
[200] Arendt, *Über das Böse* 17 und 22.

gegebenen Verordnungen lediglich ihre Pflicht, eine Lobotomie in Erwägung zu ziehen und diese durchführen zu lassen.

Man könnte diesem Vergleich entgegenhalten, dass Ratcheds Wirken nicht mit einem Genozid in Verbindung zu bringen sei. Der Historiker Hans Mommsen verweist jedoch eben auf die „allgemeinmenschliche Dimension" dieses Verbrechens als „Vision einer hochtechnisierten und bürokratisierten Welt, in der der Völkermord und die Ausrottung ‚überflüssig' erscheinender Bevölkerungsgruppen geräuschlos und ohne moralische Empörung der Öffentlichkeit zur Gewohnheit werden würden"[201]. Auch im Mikrokosmos der Heilanstalt ereignen sich, zumindest im Buch, neben den dargestellten Repressalien gegen die „überflüssige Bevölkerungsgruppe" auch Schicksale, die nur als Vernichtung einer menschlichen Existenz beschrieben werden können. McMurphys Tod ist dabei nur das prominenteste Bespiel. Auf dem Wege dorthin begegnen dem Leser mit Taber, Ellis und Ruckly weitere Individuen, deren Nonkonformität sie Opfer eines totalitären Systems hat werden lassen. Der mentale Tod, durch Lobotomie oder Elektroschock herbeigeführt, ist dabei kaum mehr vom eigentlich physischen Tod zu unterscheiden.

Mit Bezug auf die Verbrechen im Rücken der russischen Front verweist Peter Bamm in seinem Roman *Die unsichtbare Flagge* auf die Perfidität solcher Vernichtungsapparaturen: „Es gehört zu den Raffinements der totalitären Staatskonstruktionen unseres Jahrhunderts, dass sie ihren Gegnern keine Gelegenheit geben, für ihre Überzeugungen einen großen dramatischen Märtyrertod zu sterben. …Niemand von uns hatte eine Überzeugung, deren Wurzeln tief genug gingen, ein praktisch nutzloses Opfer um eines höheren moralischen Sinnes willen auf sich zu nehmen."[202] Auch McMurphys Opfer, „*even if it didn't happen*"[203], wäre sinnlos, ohne den Bericht Bromdens. Die emotionale Kälte, mit welcher Ratched am Ende des Filmes die Patienten auffordert zur „*daily routine*" zurückzukehren, entspricht der „unechten Objektivierung", die gegen „Humanität und Wahrheit verstößt, weil sie dort ruhig ist, wo man wütend sein sollte"[204]. In der Entmenschlichung der Figur Ratched lässt sich

---

[201] Hans Mommsen, „Hannah Arendt und der Prozess gegen Adolf Eichmann," *Eichmann in Jerusalem: Ein Bericht von der Banalität des Bösen*, Hannah Arendt, 4 Aufl. (München: Piper, 2009) 18.
[202] Peter Bamm, *Die unsichtbare Flagge: Ein Bericht* (München: Kösel-Verlag, 1952) 152.
[203] Kesey 13.
[204] Marcuse, „Repressive Toleranz" 109.

Keseys Mahnung noch viel deutlicher herauslesen als im Sadismus der Wärter. Eine Warnung vor einer Gesellschaft, die sich hinreißen lässt von Kriegsangst und Hörigkeitswahn und dabei ihre basalen Werte der Menschenrechte allzu leichtfertig aufs Spiel setzt. Der Autor objektiviert dieses Dystopia in der Wahrnehmung Bromdens, der durch seine nicht erfolgte Assimilation seiner Perspektive auf die Kräfte dieser Manipulation – *The Combine* – nicht beraubt ist.

3.4. Die Klinik und *The Combine* – Apparatur und Kollektivismus

3.4.1. Darstellung im Roman – Ein gesellschaftlicher Mikrokosmos

In der Institution der Heilanstalt und dem globaleren Begriff der *Combine* begegnet dem Leser das Böse auf einer abstrakten Ebene. Aber gerade weil dieses Böse sich nicht einfach fassen und nur stellvertretend individualisieren lässt, muss mit ihm eine besondere Qualität assoziiert werden. Die psychiatrische Anstalt erreicht dabei einen besonderen Grad der Obszönität. Die ursprüngliche Aufgabe Menschen zu heilen, scheint dahingehend pervertiert, dass selbigen keine Besserung widerfährt, sondern ihre Ängste willentlich manifestiert werden. Jenen hingegen, deren Kraft noch genügt, um gegen die gesellschaftliche Gleichmacherei und Indoktrination zu protestieren, wird mit einem Instrumentarium verschiedener Maßnahmen eben diese Willenskraft gebrochen.

„*To Vik Lovell who told me dragons did not exist, then led me to their lairs*"[205], lautet die Widmung zu Beginn des Romans. Besagter Lovell war es, der Kesey den Tipp gab, als Hilfskraft im Menlo Park Hospital für psychisch Kranke zu arbeiten. Die Erfahrungen der Unterdrückung und Entwürdigung der Patienten, die er auf seiner Station erlebte, bildeten das Fundament für *Cuckoo's Nest*.[206] Er kam zu der Überzeugung, dass das Prinzip der Heilanstalt unter der Maxime fungierte, Menschen in „*efficiently adjusted social automatons*"[207] zu

---

[205] Kesey 1.
[206] Cf. Tom Wolf, „What do you think of my Buddha (Excerpt from the Electric Kool-Aid Acid Test)," *Ken Kesey. One Flew Over the Cuckoo's Nest*: Text and Criticism, ed. John C. Pratt (New York: Penguin, 1977) 330.
[207] Don Kunz, „Mechanistic and Totemistic Symbolization in Kesey's *One Flew Over the Cuckoo's Nest*," *A Casebook on Ken Kesey's* One Flew Over the Cuckoo's Nest, ed. George J. Searles (Albuquerque: University of New Mexico Press, 1992) 83.

verwandeln. Diese Realebene des Romans ergänzt er durch die Allegorie des Mikrokosmos, in welchem das Hospital eine Gesellschaft zeigt, die ihre Dissidenten mit einer Palette in ihrer Heftigkeit graduell schlimmer werdender Methoden zum Schweigen zu bringen vermag.

Die Gruppensitzungen sind hierbei das vornehmliche Instrument der mentalen „Bearbeitung". Der immer wieder von Ratched beteuerten therapeutischen Signifikanz zum Trotz, umschreibt McMurphy diese Methode mit der ihm eigenen sprachlichen Prägnanz: „*Bunch of chickens at a peckin' party?*"[208] Es ist nicht das schmerzliche Überwinden innerer Phobien, das hier kritisiert wird, sondern das unproduktive Voraugenführen der eigenen Unfähigkeiten – „*play on the weakness that drove them nuts in the first place*"[209]. Die Hinterlist dieser Maßnahme besteht darin, dass es für Ratched ein Leichtes ist, die Gruppe dahingehend zu manipulieren, dass die Patienten ihr die Arbeit des Erniedrigens abnehmen. Aus Angst, selbst das Opfer sein zu können, machen sich die Insassen zu Tätern und hintergehen einen ihrer Leidensgenossen: „*They've been maneuvered again into grilling one of their friends like he was a criminal and they were all prosecutors and judge and jury.*"[210]

Die Denunziation wird durch das *log book* vervollständigt. Die Befreiung von der Pein der Befragung kann durch das Anschwärzen mithilfe des Buches erreicht werden. Dadurch herrscht auf der Station eine Atmosphäre gegenseitigen Misstrauens und unaufhörlicher Selbstzensur. „*There's something strange about a place where the men won't let themselves loose and laugh*"[211], stellt McMurphy gleich zu Beginn seiner Ankunft fest und beschreibt dabei das Wesen einer (Mikro)gesellschaft, deren Mitglieder sich selbst zum Kontrollorgan haben machen lassen.

Doch es ist nicht nur Denunziation, mit welcher Kesey dem Leser die Parabel eines totalitären Systems vor Augen führt. Es finden sich auch Anspielungen auf Zensur. Beispiele sind der Bericht Bromdens von Briefen, die den Patienten nur zerrissen überbracht werden oder die schlechten (manipulierten?) Nachrichten, die McMurphy auf selbigem Wege

---

[208] Kesey 72.
[209] Wolf 330.
[210] Kesey 70.
[211] Ibid. 61.

erhält.[212] Eine Art von Propaganda kann in Ratcheds Versuch gesehen werden, mithilfe negativer Schlagzeilen über das Fischen im offenen Pazifik McMurphys Vorhaben zu untergraben, den Patienten Alternativen zu ihrer Unmündigkeit aufzuzeigen.

Die wohl eindringlichsten Parallelen jedoch finden sich in der Darstellung der punitiven Maßnahmen, die von Ratched als Therapien bezeichnet werden. Die ECT und ihre Funktion als Foltergerät, das nach erfolgtem Geständnis auch ausgesetzt werden kann, wurden bereits erwähnt. *„A device that might be said to do the work of the sleeping pill, the electric chair, and the torture rack"*[213], wird in Hardings Erklärung mit den Experimenten der Nazis an Menschen in Verbindung gebracht. *"Ah, zo,"* zitiert dieser das Gespräch zweier Wissenschaftler, *"ziz is exactly vot ve need for our patients – zee induced fit* [sic]*!"*[214] Die für Deutsche typische, inkorrekte Umwandlung des dentalen in einen alveolaren Frikativ (/θ, ð / → /s, v/) oder auch die fälschliche Variante des stimmhaften labiodentalen Frikativ anstelle des Halbvokals (/v / → /w/) sind Indikatoren für den teuflischen Ursprung dieser „Methode". Hierbei ist auch bezeichnend, dass es Ratched ist, die diese Behandlungen gegenüber McMurphy ein ums andere mal autorisiert, um dessen widerspenstigen Geist zu brechen. Selbige ist es auch, die *„more drastic means"* fordert, *„to make contact with him"*[215].

Dieser Euphemismus bezieht sich auf die letztmögliche Maßnahme der Anstalt, die gleichzeitig den geistigen Tod des Patienten bedeutet. Die nur durch Bromdens Erinnerung repräsentierte Figur des Maxwell Taber nimmt hierbei das tragische Ende McMurphys vorweg, der von Ratched designiert ist, als mahnendes Beispiel das Schicksal mit den anderen *vegetables* zu teilen. Die Gedankenkontrolle und Neutralisation des menschlichen Willens portraitiert Kesey hierbei aber auch außerhalb der Anstaltsmauern. Die charakteristische Färbung unter den Augen und im Gesicht, die im Buch als Folge des Eingriffs beschrieben wird,[216] findet sich auch bei einem der *loafer*, der der Patientengruppe am Hafen begegnet: „*The man's lips were kidney-colored and he was purple under his eyes ….*"[217] Die

---

[212] Ibid. 47 und 195.
[213] Ibid. 87.
[214] Ibid. 226.
[215] Ibid. 350.
[216] Siehe zum Beispiel Ruckley: „*… the front of his face an oily purple bruise*" (Kesey 22).
[217] Ibid. 290.

Manipulation der Menschen ist hierbei nicht Einzelverbrechen der Klinik, sondern Endziel der sich außerhalb der Station befindlichen Welt – *The Combine*.

Dem Konzept der Combine kommt im Roman die wohl wichtigste Bedeutung zu. Sowohl die Wärter als auch Ratched werden als Agenten dieses Abstraktum bezeichnet. Auch die psychiatrische Anstalt, in all ihrem Horror, ist „*a factory for the Combine*"[218]. Was ist aber nun dieses Kombinat, das Bromden nicht müde wird dem Leser als Ursprung des Bösen aller seiner Agenten und Institutionen begreiflich zu machen? „*A combine is a group united to pursue commercial or political interests and is also a machine that cuts off and chews up and spits out a product*"[219], fasst McMahan die Bedeutung des Begriffes zusammen. Das eigentliche Interesse dieser Vereinigung sowie deren Konstitution und Zusammensetzung bleibt hierbei im Dunkeln. Bromden erwähnt lediglich, dass es ihr Bestreben ist, „*to adjust the Outside* [sic]"[220]. Am Produkt, dem konditionierten und dem Interesse der Vereinigung widerspruchslos dienendem Menschen, besteht allerdings kein Zweifel. Die tiefe Furcht vor diesem Unbenannten gründet sich gerade auf dessen physischer Unantastbarkeit. Der Leser nimmt sie wahr als immense Kraft, die stets präsent und gleichzeitig im Dunkeln und „*mysteriously unlocable*"[221] bleibt.

Diejenigen, die dem Diktat der Uniformität willentlich oder aufgrund mangelnder Fähigkeiten nicht folgen (können), sind Ausschuss der Produktion und Parias der Gesellschaft – „*society is what decides who's sane*"[222]. Es sind Menschen wie McMurphy, die an ihrer Besonderheit wachsen und daraus einen Willen zum Leben zu entwickeln vermögen; aber viel wahrscheinlicher Individuen wie Bibbit, Harding oder Bromden, die in eine Einsamkeit gedrängt werden, an der sie notwendigerweise zerbrechen. „*People who try to make you weak so they can get you to toe the line*"[223], sind dabei die Häscher des Kombinats, denen auch McMurphy bisher nur mit Glück zu entkommen schien. Die Entrücktheit dieser Kraft, ihre scheinbare Substanzlosigkeit, macht sie nahezu unangreifbar. Schon der Versuch sie

---

[218] Kesey 51.
[219] McMahan, „A Sexist Novel" 80.
[220] Kesey 36.
[221] Raymond M. Olderman, „The Grail Knight Arrives," *A Casebook on Ken Kesey's* One Flew Over the Cuckoo's Nest, ed. George J. Searles (Albuquerque: University of New Mexico Press, 1992) 78.
[222] Kesey 62.
[223] Ibid. 76.

begrifflich zu fassen, scheitert am immateriellen Wesen dieses Abstraktums: *"...he says that there's something bigger making all this mess and goes on to try to say what he thinks it is. He finally gives up when he can't explain it."*[224] Wenn Bromden später vom Schicksal seines Vaters und der geheimnisvollen Kraft der Combine erzählt, entgegnet ihm McMurphy: *"I didn't say it didn't make sense, Chief, I just said it was talkin' crazy."*[225] Diese widersprüchliche Aussage entlarvt McMurphys Ringen um Verständnis für eine Kraft, deren Allmacht auch ihm Schrecken bereitet.

Die wohl eindringlichste Beschreibung der *Combine* findet sich, wenn Bromden über die Homogenisierung der Außenwelt sinniert. Auf dem Weg zur Küste reflektiert er über die Identität der Menschen, die von gleichen Zügen in immer gleichen Reihen ausgespien werden. Es ist dabei die Maschine, nicht die Menschen, die aktiv in Erscheinung tritt. Abtraumartig begegnen ihm *crack-the-whip* spielende Kinder, die in ihrer Kleidung und ihrer Bewegung derselben Retorte entnommen zu sein scheinen. Häuser, die jene Menschen beherbergen und deren Besitzer nicht den Unterschied erkennen, sollte sich ein „falsches" Kind in einem der nicht zu unterscheidenden Gebäude verirren. Es sind jene „städtebaulichen Projekte", von denen Adorno und Horkheimer sprechen, „die in hygienischen Kleinwohnungen das Individuum als gleichsam selbständiges perpetuieren sollen", es aber „der totalen Kapitalmacht nur um so gründlicher unterwerfen"[226].

Nur ein Kind fällt ihm ins Auge, das *„scuffed"*, *„buised"* und unfähig zu lachen sein Dasein in einer ihm feindlichen Welt fristet.[227] Kesey verweist mit diesem Gedanken noch einmal auf den mikrokosmischen Charakter der Heilanstalt, die ihre Entsprechung in erweiterter Masse in der Welt der „Gesunden" findet. Das abgehärmte Kind am Ende der Peitsche muss hierbei den gesamten Kräften der anderen bestehen. Vermag es dies nicht, muss es sich nach den Regeln in die Reihe einordnen und wird verschlungen von der Einheitlichkeit dieser Gesellschaft.

---

[224] Ibid. 228.
[225] Ibid. 264.
[226] Horkheimer und Adorno 128.
[227] Cf. Kesey 287.

Wenn Bruce E. Wallis einen Fehler in der literarischen Konstruktion dieser Entität darin sieht, dass es nicht *The Combine* ist, *„which generates the evil Mr. Kesey observes, but the evil which generates the Combine"*, so kann dem nur teilweise entsprochen werden. Zwar ist es nachvollziehbar, wenn dieser schreibt: *„The flaws in the system exist only because of anterior flaws in the men who create and maintain it"*[228], die Legitimation des individuellen Zufügens von Leiden gründet sich jedoch auf die Ideologie und der zuvörderst erfolgten Indoktrination von Seiten des Kombinats – der Gesellschaft. Der Ursprung dieses Systems ist das Kollektiv der Geister seiner Erschaffer, die Perpetuierung dieser Dogmen gründet sich jedoch meist auf einen apodiktischen Glauben an Vergangenheit und Tradition. Die Unfähigkeit der Wahrnehmung von Alternativen ist gleichzeitig die Genese der Impotenz diese systematische Strukturierung des Lebens zu dekonstruieren und zu durchbrechen.

The Combine ist daher die Gesamtheit menschlicher Indifferenz gegenüber einem Dogma der Ordnung, Vernunft und Funktionalität, die sich im selben Maße als anthropologische Konstanten etablierten, wie Empathie und das Streben nach Selbstverwirklichung diesem Prozess zum Opfer fielen. Sie ist der Sieg der Zahl über den Geist. Es bedarf Anstrengung und Gelassenheit, dieser Combine zu entrinne. Das Gefühl der Unantastbarkeit, das Bromden sein wiedergefundenes Lachen vermittelt, und sein unbändig gewordener Wille zur Freiheit sind es, die ihn letztendlich doch über das Böse triumphieren lassen.

3.4.2. Darstellung im Drama und im Film – *reductio ad concretum*

Da es in Dale Wassermans Version keinen Ausflug ans Meer und auch kein Basketballspiel im Freien gibt, erhält die Institution Heilanstalt im Drama ein klaustrophobisches Element, das zu ihrem Schrecken beiträgt. Das bedrückende Milieu der Institution versucht der Dramaturg durch ein *„impersonal"*, *„sterile"* und *„plastic-covered"* Interieur zu vermitteln. Die mit *„steel grilles"* beschlagenen Fenster lassen jenseits der Mauern eine *„green world"*[229] vermuten.

---

[228] Bruce E. Wallis, „Christ in the Cuckoo's Nest: Or, The Gospel According to Ken Kesey," *A Casebook on Ken Kesey's One Flew Over the Cuckoo's Nest*, ed. George J. Searles (Albuquerque: University of New Mexico Press, 1992) 109.
[229] Wasserman 7.

Auch im Drama stehen die Gruppentherapien im Mittelpunkt, um das perfide System der Kontrolle zu vermitteln. Wasserman lässt an der Parabel keinen Zweifel, wenn er Dr. Spivey sagen lässt: „... *this ward is society in miniature.*"[230] Wenn selbiger McMurphy die Regeln der Gruppentherapie erläutert, spricht dieser auch von einer Schuld der Patienten: *„You have them or you wouldn't be here."*[231] Diese Schlussfolgerung verdeutlicht den Irrsinn eines Systems, dass Lehrsätze zur Maxime macht, deren Unbedingtheitsanspruch jede Kontemplation verbietet. Da sich die Patienten auf der Station befinden, schließt der Syllogismus mit der Tatsache, dass eine innere Schuld eruiert und diskutiert werden muss, ob diese nun wahrhaft Existent ist oder aufgrund des Geltungsanspruchs jener Aussage in die Köpfe der Patienten implantiert wird. Es ist auch nicht zufällig, dass Spivey hier von *„guild"* und eben nicht von einer Krankheit spricht. Die Disparität zwischen gesellschaftlich akzeptiertem und individuellem Verhalten ist hier eben zuallererst eine Schuld und verlangt Bekenntnis der Schuldigen.

Die Aggressivität der Sitzungen ist im Drama noch verstärkt, was durch Ratcheds an Invektive grenzende Suggestivfragen belegt ist. Auch Bromdens Partizipation in der Abstimmung zur Änderung der Fernsehzeiten wird von Ratched in der Gruppentherapie zur Sprache gebracht. Somit bedient sie sich der maximalen Aufmerksamkeit aller Patienten, um Bromden seiner einzig verbliebenen Schutzfunktion, seiner selbstgewählten Zurückgezogenheit, zu berauben. Die Gruppentherapie reflektiert auch im Drama das ausgeklügelte System gegenseitiger Diffamierung, sie dient aber mehr noch als im Roman als Bühne der Bosheit Ratcheds (siehe oben).

Wasserman orientiert sich auch an der Idee der ECT als Folterinstrument. Wie bei Kesey so versucht auch die Ratched des Dramas McMurphy durch die Androhung von Elektroshocks zur Kooperation zu bewegen. Das Instrument des *„shock shop"* festigt dabei die Macht der Schwester, wenn diese ihren Patienten fragt, ob er *„perhaps a few more treatments ... ?"*[232] erhalten möchte. Dem Leser wird durch diese „Maßnahme" der Sarkasmus der Oberschwester noch deutlicher vor Augen geführt. Der Absolutheitsanspruch des Bösen im

---

[230] Ibid. 23.
[231] Ibid.
[232] Ibid. 67.

Drama wird noch vertieft durch die Tatsache, dass sie es ist, die eine Lobotomie wiederholt vorschlägt und forciert. Die Überführung McMurphys als gewalttätigen Menschen und die Legitimation seiner geistigen Verstümmelung, nicht die Heilung ihrer Patienten, wird Mittelpunkt ihrer Tätigkeit. Das Werkzeug ihrer letztmöglichen Grausamkeit verhindert jedoch auch im Drama ihren finalen Triumph, als Bromden, „*smiling at the world outisde*"[233], die Anstaltsmauern hinter sich lässt.

Die Omnipräsenz der Combine, die dem Leser im Roman begegnet, findet im Drama nicht seine Entsprechung. In Anbetracht der gebotenen Kürze des Stücks gelingt es Wasserman dennoch, das Element der Combine als negative Kraft zu etablieren. Bromdens Soliloquium gleich zu Beginn suggeriert dem Leser/Zuschauer, dass es neben der Ungerechtigkeit der dargestellten Einzelpersonen eine höhere Kontrollinstanz gibt, die jene Einzeltäter zu befehlen scheint: „*They're puttin' people in one end and out comes what they want.*"[234] Das Personalpronomen „*they*" lässt die Identität der Täter unbenannt und generiert wie im Roman ein Mysterium um die wahren Triebkräfte des Bösen. Erst im zweiten und letzten Akt wagt es Bromden, seine imaginären Gespräche mit seinem Vater auszusetzen und McMurphy von jener *Combine* zu berichten, die das Leid dieser Welt begründet: „*They work on you, ways you can't even see*"[235], lautet die Warnung an seinen neu gewonnen Freund. Wenn er wenig später im Gespräch mit Turkle über die friedfertige Natur seines Stammes berichtet und resümiert: „*We should of [declared war] [sic]!*", so ist dies als Kampfansage an das System der Unterdrückung zu verstehen, welche er durch den Ausbruch in die Welt, der er lächelnd begegnet – „*you got to laugh – `specially when things ain't funny*"[236] – in die Tat umsetzt.

Die Schrecken der Heilanstalt und ihrer Kontrollmechanismen konnten im Film in ganz eigener, eindringlicher Weise dargestellt werden. Michael Douglas, einer der Produzenten, resümiert über die Entscheidung, den Film während des Januars in Oregon zu drehen, um möglichst vielen Szenen die bedrückende Atmosphäre der Dämmerung verleihen

---

[233] Ibid. 85.
[234] Ibid. 8.
[235] Ibid. 59.
[236] Ibid. 63.

zu können.[237] Wenn in der ersten Darstellung das Auto gezeigt wird, welches McMurphy in die psychiatrische Anstalt bringt, so verdeutlicht dies auch die Ankunft eines Fremdkörpers, eines Messias, in eine hermetisch geschlossene Institution der Knechtschaft. Die Szene am Ende des Films zeigt in analoger Weise den Aus- und physischen Durchbruch dieser beklemmenden Welt nach dem Opfertod des Befreiers. Bromden wird bei seiner Flucht vom selben wundersamen Zwielicht verschlungen, aus welchem McMurphy in die Welt der Patienten „entsendet" wurde. Auch wenn das Schicksal des Flüchtigen unbekannt bleibt, so suggeriert diese Parallele doch zumindest die Übernahme des libertären Geistes, welchen Bromden fortan in die Welt trägt (Bild 12 und 13).

Bild 12: Forman 00:01:16.   Bild 13: Forman 02:06:06.

Die pseudotherapeutischen Sitzungen zeigen dem Zuschauer dasselbe Bild der Gruppenmanipulation durch Denunziationen jeweils Einzelner. Trotz der von Forman gelegentlich eingestreuten Komikelemente zeigen seine lang verweilenden Kameraaufnahmen Gesichter von Menschen, deren tief empfundenes Unbehagen, jener Oberschwester gegenübersitzen zu müssen, in jeder Einstellung greifbar ist. Um in dieser Situation die Spannung zwischen den Patienten greifbar werden zu lassen, ließ der Regisseur immer zwei Kameramänner die jeweiligen Szenen aufnehmen. Auf diese Weise wollte Forman erreiche, dass die Schauspieler fortwährend in ihrer Rolle verweilen mussten.[238]

Bild 14 zeigt eine typische Einstellung jener Gruppensitzungen. Auffallend ist auch hier wieder die zur Stimmung beitragende Dämmerung jenseits der Fenstergitter, die mit der

---

[237] Milos Forman, Audiokommentar zum Film *One Flew Over the Cuckoo's Nest*, 00:00:28.
[238] Ibid. 00:12:47.

Künstlichkeit des Lichtes kontrastiert. Die Makellosigkeit, mit welcher der Linoleumboden die Lichtquelle reflektiert, vertieft das Empfinden unbedingter Sterilität, nicht nur im materiellen, sondern auch im zwischenmenschlichen Bereich. Die Pflanze im Hintergrund wirkt in diesem geistes- und lebensfeindlichen Metier wie ein Fremdkörper und scheint hier doch seltsamerweise in den Fokus der Kamera gerückt. Die spärliche Erscheinung scheint sich von der Rigidität Ratcheds und der sich über ihr befindlichen Verordnungen abwenden und nach draußen streben zu wollen. Die gebrochene Haltung Bibbits korrespondiert hierbei mit der gehemmten Kraft der Natur.

Bild 14: Forman 00:29:18.

Auch die Brutalität des „*shock shop*" konnte im Film mit einer wirkungsvollen Eindringlichkeit wiedergegeben werden. Jack Nicholsons von starken Charakterzügen durchzogenes Gesicht verformt sich in Folge der zu ertragenden Schmerzen zu einer grotesken Fratze. Die den Kopf stabilisierende Hand wirkt für den Betrachter eher wie eine bedrohliche Macht, die das Schicksal der hilflosen Patienten zu bestimmen vermag. Auch in dieser Szene zeigt sich wieder Formans Vorliebe, Gesichter in ihrer Vielfältigkeit möglichst ausgiebig zu präsentieren (Bild 15).

Bild 15: Forman 01:24:03.

Das krampfende und noch kämpfende Angesicht steht im starken Kontrast zum Gesicht des post-operativen McMurphy. Der leere Blick, den Bromden vergeblich versucht auf sich zu fixieren, enthüllt den vermeintlichen Sieg des Systems. Der vormals von Witz sprühende, freie Geist McMurphys ist einer verzerrten Maske gewichen, die schon nicht mehr von dieser Welt zu sein scheint. Die bedrohliche Kälte des Mondes (siehe oben) umgibt auch hier den letzten Triumph Ratcheds. Die starken Schattierungen, die dabei sein Licht wirft, vertiefen den Eindruck eines Toten (Bild 16).

Bild 16: Forman 02:01:44.

Die wohl bedrohlichste Kraft des Romans, *The Combine*, scheint im Film völlig ausgeblendet. „*In the film, there is no Combine*"[239], befindet Thomas J. Slater lapidar. Dies scheint folgerichtig, bedenkt man Formans Entscheidung, von der Ich-Perspektive des Romans abzurücken. Auch das im Drama angewandte Mittel des Soliloquiums wäre wohl für die geplante Charakterentwicklung nicht förderlich gewesen. Das wirkungsmächtigste Böse im

---

[239] Slater 187.

Roman begegnet dem Zuschauer trotz alledem, wenngleich auch auf äußerst subtile Weise. Bromden erzählt McMurphy vom Schicksal seines Vaters und verweist mit dem gleichen „*they*" wie im Roman auf ein destruktives Kollektiv, das im Film selbst keine weitere Elaboration erfährt. Wie im Roman und im Drama parallelisiert Bromden das Schicksal seines Vaters mit der Situation McMurphys. Eine Vorstellung, die letzteren in einen kurzen Augenblick tiefer Gedankenversunkenheit versetzt (Bild 17).

Bild 17: Forman 01:29:48.

Übersieht man diesen kurzen, aber immens wichtigen Dialog, so könnte man zu dem Schluss gelangen, dass Forman den Gedanken des gesellschaftlichen Mikrokosmos Heilanstalt nicht aufgreift und statt dessen Ratched und die Wärter als einzig zu überwindende Elemente des Böse zu betrachten wären. Der Gedanke der Trennung von Institution, Oberschwester und Wärtern auf der einen und vermeintlicher Freiheit der Außenwelt auf der anderen Seite würde den Triumph des Ausbruchs zu einen endgültigen werden lassen. Berücksichtigt man jedoch Bromdens Anekdote, so ergibt sich ein viel ambivalenteres Ende. Sowohl im Roman als auch im Film realisiert Bromden mithilfe McMurphys, dass die Combine nicht unbesiegbar ist; seine Flucht bedeutet allerdings auch nicht, das selbige schon besiegt wäre.

3.4.3. Der Leviathan gegen den *noble savage* – Der Konflikt zwischen Technik und Natur

Ein wiederkehrendes Thema im Zusammenhang mit der *Combine* ist der Konflikt zwischen Technik und Natur. Die in *Cuckoo's Nest* dargestellte homogenisierende Systemfunktionalität ruft hierbei schon unweigerlich die Vorstellung der Automation und Robotisierung der Menschen hervor. Hierbei sticht nicht nur die „*machine-like manner in which the hospital functions*"[240] hervor, auch die *Combine* ist in einer ihrer Wortbedeutungen „*a large machine which cuts a crop and separates the grains form the rest of the plant*"[241]. Die Vorstellung dieser die Menschen in zweckdienliche und unbrauchbare Kategorien einteilenden Apparatur passt in das von Bromden vermittelte Bild einer höheren, repressiven Ordnungsmacht.

Kesey positioniert in seinem Roman das selten gewordene Ideal eines „*masculine physical life*" gegen das Konglomerat einer „*modern day machine culture*"[242]. Auch wenn McMurphy die Rolle eines *flawful characters* zugestanden werden muss, so fällt es doch leicht, sich mit ihm gegen die Welt der Maschinen, des Bösen, zu assoziieren. Der unbeugsame Geist, der Natur und Sinnlichkeit verkörpert – siehe auch den an „*randy*" anklingenden Namen Randle[243] – sieht sich einer scheinbar unbesiegbaren Welt gegenüber, die den Geist als nichts weiteres als einen „*algorithmically driven information processor*"[244] betrachtet. Im Zuge dieser Logik ist es nur folgerichtig, dass fehlerhafte Informationsverarbeitungselemente zur Not auch durch den physischen Eingriff einer Lobotomie funktionstüchtig gemacht werden dürfen.

„*Our world has chosen machinery and medicine and happiness*"[245], lässt Huxley eine seiner Figuren in *Brave New World* resümieren. „*And is not our modern history, my brothers, the story of brave malenky selves fighting these big machines?*"[246], fragt Alex in *A Clockwork Orange* seinen Bewährungshelfer. Auch Kesey greift diese Thematik auf und macht sie zu einem integralen Bestandteil des Konfliktes zwischen Gut und Böse. Am vordergründigsten geschieht dies wohl durch Bromdens fortwährende Beschreibungen Ratcheds als

---

[240] William K. Ferrel, *Literature and Film as Modern Mythology* (Westport and London: Praeger, 2000) 33.
[241] „Combine," *Oxford Advanced Learner's Dictionary*, ed. A.S. Hornby, Sally Wehmeier und Michael Ashby, 6. Aufl. (Oxford: OUP, 2000) 236.
[242] Terry G. Sherwood, „*One Flew Over the Cuckoo's Nest* and the Comic Strip," *Ken Kesey. One Flew Over the Cuckoo's Nest: Text and Criticism*, ed. John C. Pratt (New York: Penguin, 1977) 385.
[243] Andrew Foley 37.
[244] Patricia Waugh, „Creative Writers and Psychopathology: The Cultural Consolation of 'The Wound and the Bow' Thesis," *Madness and Creativity in Literature and Culture*, ed. Corinne Saunders and Jane Macnaughton (New York: Palgrave Macmillan, 2005) 178.
[245] Aldous Huxley, *Brave New World* (New York: Harper Collins, 1992) 226.
[246] Anthony Burgess 61.

kybernetischen Organismus. Doch auch andere Bezüge zu gesellschaftlichen Automatismen lassen sich eruieren: In Bromdens durch Medikamente induziertem Traum schneiden „*worker*" einem kopfüber an einem Fleischerhaken hängenden Patienten den Bauch auf. Anstelle von Innereien kommt jedoch nur „*rust and ashes*"[247] zum Vorschein. Dem Erzähler begegnet diese Welt des Grauens in einem imaginären Untergeschoss der Heilanstalt, zu welchem die Patienten über Nacht manövriert werden, „*like [on] a platform in a grain elevator!*"[248]. Der Vergleich mit einem Getreidesilo ruft erneut die Vorstellung des Mähdreschers (*The Combine*) in Erinnerung. Die knechtende Brutalität einer vollmechanisierten Fabrik erfuhr Bromden dabei schon in der Baumwollmühle, als das mit ihm flirtende Mädchen durch eine unsichtbare Kraft an einem Haken hinfort gerissen wurde.[249]

Die geistestrübende Routine, die der Mensch in diesen für ihn vorbestimmten Aktivitäten unterworfen ist, lässt ihn selbst unwissentlich zu einem bloßen Element einer mechanischen Wirkungskette werden. Der Patient Pete Bancini, den schon bei der Geburt eine metallene Zange in die Welt zwingen musste, ist in seinem Verhaltensrepertoire unter anderem auf das Hin- und Herbewegen seines Kopfes reduziert. Eine Folge seiner 30-jährigen Beschäftigung bei der Eisenbahn.[250] Auch Bromden erlebte diese Vereinnahmung des Menschen durch die Maschine. Ihres Lebens als Fischer beraubt, arbeiteten viele seiner Stammesbrüder – „*[their] faces hypnotized by routine*"[251] – am *gravel crusher* des Staudammes. Sie machten sich dabei zu Sklaven einer „*low, relentless, brute power*"[252] und somit schuldig an der Zerstörung ihrer Existenz.

Auch die Situation, die den Menschen vollends zum Material verkommen lässt, ist im Roman wiedergegeben – der Krieg. Es ist nicht nur Colonel Matterson, der infolge des Ersten Weltkrieges den mentalen Belastungen nicht mehr standzuhalten vermochte, sondern auch der Erzähler selbst, der den unmenschlichen Geschehnissen des Krieges letztendlich zum Opfer fiel. Dabei ist es nicht nur die Nebelmaschine, die sich Bromden aus jenen Tagen ins

---

[247] Kesey 110.
[248] Ibid. 107.
[249] Cf. ibid. 50.
[250] Cf. ibid. 54 und 65.
[251] Ibid. 49.
[252] Ibid. 107.

Gedächtnis brannte; die viel radikalere Erfahrung war jene, die ihn zu dem Entschluss hat kommen lassen, dass „*as soon as a man goes to help somebody, he leaves himself wide open*"[253]. Die Aussetzung der eigenen Menschlichkeit, die Entscheidung einem von der Sonne verbrannten und nach Wasser schreienden Freund nicht helfen zu können, war jenes verstandesraubende Ereignis, das Bromden vor den Kräften der *Combine* hat kapitulieren lassen.

Trotz der Exklusion dieser Hintergrundinformation versucht auch Wasserman dem Topos der Maschine seinen Platz im Drama einzuräumen. Schon in der anfänglichen Beschreibung der Szenerie finden sich „*switches, dials, toggles and knobs ... transformers, relays and electrical cables*"[254]. Im ersten Soliloquium Bromdens sind bezeichnenderweise weite Teile des oben geschilderten Alptraums wiedergegeben – „*they hang 'em up and cut 'em open*"[255]. Der Autor erreicht damit gleich zu Beginn die Etablierung des Horrors der als Heilanstalt getarnten Maschinerie. Auch Ratched erhält das im Roman beschriebene Antlitz eines Roboters – „*Miss Ratched is a human radio*"[256].

Im Film wird der Konflikt zwischen Natur und Technik kaum reflektiert. „*Everybody who involves himself with oppressive machinery is paying for it with a loss of humor, with grayness*"[257], gab Forman in einem Interview zu seinem Film zu verstehen. Obschon der Regisseur demnach um das Gewicht der Thematik im Roman wusste, kann diese Entscheidung wohl mit jener, das Element der *Combine* auf den Dialog zwischen Bromden und McMurphy zu beschränken, in Verbindung gesetzt werden. Da die facettenreiche Symbolik der mechanisierten Welt im Roman zumeist durch die Bewusstseinsströmungen und die subjektiven Wahrnehmungsperspektiven des Erzählers transportiert werden, ist diese Thematik, gleichwie ihr Vehikel, im Film auf ein Minimum reduziert.

Betrachtet man die Wände der Heilanstalt genauer, so fallen zum Beispiel die ubiquitären Bilder verschiedener Landschaften ins Auge. Sie kontrastieren mit der sonst so farblosen Kargheit der Stationswände und wirken wie Rudimente eines längst von

---

[253] Ibid. 166.
[254] Wasserman 7.
[255] Ibid. 8.
[256] Ibid. 10.
[257] Milos Forman in Molly Haskell 176.

Industriekomplexen, Elektrodämmen und Baumwollmühlen überwucherten Paradieses. Bild 18 zeigt in diesem Zusammenhang einen See mit Berglandschaft, der auch als jenes Siedlungsgebiet betrachtet werden könnte, von dem Bromden und sein Stamm vertrieben wurden. In dieser Szene wirkt es wie die Trophäe der Maschine, die sich im nächsten Moment um die Schläfen der Patienten krallt, um ihnen mithilfe elektrischen Stroms die letzten Erinnerungen an jene Natur aus dem Gedächtnis zu brennen. Wenn Forman am Morgen nach der Party die Kamera das befreite Grün des offenen Fensters, in Begleitung von Vogelgezwitscher, festhalten lässt, so wirkt dies wie die Möglichkeit, in eines dieser Bilder eintauchen und die Welt der Maschinen hinter sich lassen zu können (Bild 19).

Bild 18: Forman 01:17:29.   Bild 19: Forman 01:45:34.

Ein weiteres Beispiel dieser Symbolik kann in einer der Außenaufnahmen eruiert werden. Dem Zuschauer wird aus McMurphys Fokalisationspunkt ein Eichhörnchen gezeigt, das sich durch ein Geflecht bedrohlicher Stacheldrähte hindurchwindet. Im Film reflektiert dies vor allem McMurphys Ausbruchsgedanken. Ebenso kann es aber auch als Symbol – Äquivalent zum Schicksal des Hundes im Roman – der Natur betrachtet werden, das vom enger werdenden Drahtgeflecht (den Maschinen) langsam in die Enge getrieben und schließlich vernichtet wird (Bild 21).

Bild 20: Forman 00:18:48.

Wenn Bromden am Ende des Romans jedoch von einem Gerücht berichtet, welches besagt, dass einige seiner Stammesbrüder zum Fluss zurückgekehrt sind und über dem Damm ein Gerüst zum Lachsfischen errichtet haben, so lässt dies auch die Hoffnung zu, dass er einer Welt begegnet, in der es noch Menschen gibt, die dem Diktat der Maschine und des Betons zu widerstreben vermögen.

3.4.4. Deutung auf philosophischer Basis

Mit der Institution des Krankenhauses begegnet dem Leser/Zuschauer ein Konstrukt der allmächtigen Entität der *Combine*. Hierbei handelt es sich um ein großes Unbekanntes, ein Abstraktum, das nicht personifiziert, dessen Wirkungsmacht aber im Handeln der Menschen allgegenwärtig verortet werden kann. Die Maxime dieser fast metaphysischen Instanz ist Nutzen und Funktionalität als Selbstzweck. Damit ist sie dem philosophischen Prinzip des Utilitarismus gleichzusetzen. Während der Utilitarismus jedoch das Wohlergehen und Glück des menschlichen Kollektivs als Ziel proklamiert, so scheint dies durch einen dogmatischen Fortschrittsglauben ersetzt, unabhängig davon, ob das Erreichen einer nächst höheren Entwicklungsstufe mit dem Erschaffen menschlichen Glücks noch kongruent ist oder nicht. Der Fortschritt wird zum Zwang des Gleichschritts in eine Richtung, die technologische Präzision und die Vervollkommnung des Potentials der Produktionskräfte verheißt. Selbst wenn dies das Ziel, die Steigerung kollektiven Glücks, tatsächlich herbeizuführen vermag, so darf diese Errungenschaft auch auf dem Scheiterhaufen individueller Schicksale erbaut werden.

Phillipa Foot macht auf die Ambivalenz des Utilitarismus aufmerksam, wenn sie auf das Problem der Organverteilung verweist. Ohne weitere Bedenken könnte hierbei ein Mensch zu Tode gebracht werden, wenn durch die dadurch gewonnenen Organe mehr als ein Mensch gerettet werden könnte.[258] Von hier ist es kein weiter Weg zu einem System, dass Menschen, die es wagen die Ruhe der Gemeinschaft zu bedrohen, mental verstümmelt. Der Wert des Lebens wird auf eine einfache Größer-als-Gleichung reduziert. Mithilfe dieser Nutzenkalkulation glauben Utilitaristen die moralische Zulässigkeit oder Unzulässigkeit gewisser Handlungsweisen determinieren zu können. Unabhängig von der Möglichkeit der Opferung menschlicher Einzelschicksale ist auch die Definition des Wohles der Menschen keine fixe Konstante, sondern variiert jenseits der Grundbedürfnisse wie Nahrung oder Wärme sehr stark. John Rawls bemerkte hierbei einmal treffend, dass der Utilitarismus „die Verschiedenheiten der Menschen nicht ernst nimmt"[259].

Die *Combine* versucht im Sinne dieses Endzwecks eine für ihre Logik bessere Gesellschaft zu erzwingen. Dies würde dem Theorem des Sokrates und Platon entsprechen, wenn diese behaupten, dass das Böse nie wissentlich, sondern nur aufgrund falscher Auslegung des Guten geschaffen wird. Derjenige, der im Zuge dieser Gleichrichtung aller Lebensumstände alternative Lebensentscheidungen für andere oder auch nur für sich einfordert, wird als fehlerhaft aussortiert. Wenn Platons illuminierter Geist im Höhlengleichnis in eine Gesellschaft der Dunkelheit eintaucht, weiß diese sich nicht weiter zu helfen, als jene Stimme der Dissonanz zu ermorden.

Der mächtige Staat im Sinne Hobbes verhindert also nicht einen *bellum omnium contra omnes*, sondern funktioniert die ziellose Aggression des gepferchten Menschen gegen jene um, die von der Gesellschaft als ungleich deklariert werden. Die Gewalt des Menschen, die der Staat nach Hobbes zu zügeln vermag, wird in Wahrheit ersetzt durch die subtile Nötigung

---

[258] Cf. Philippa Foot, *Die Wirklichkeit des Guten. Moralphilosophische Aufsätze* (Fischer: Frankfurt am Main, 1997) 36.
[259] John Rawls, *Eine Theorie der Gerechtigkeit* (Frankfurt am Main: Suhrkamp, 1979) 214.

der *Combine* und die nur bei Bedarf herausbrechende Brutalität ihrer Exekutivorgane. Schopenhauers Unruhe des Willens wird in dieser Welt die Hast des Willens zur Perfektionierung der Funktionalität. Diesem Ziel wird die eigene Existenz ohne Rücksicht auf Verluste verschrieben. Eine Ethik des Mitleids, in welcher der Gegenüber als mir gleicher Bestandteil jenes Dings an sich betrachtet und daher geliebt wird, findet hierbei jedoch nicht statt.

Der Naturtrieb des „Es" wird dabei dahingehend manipuliert, dass die Energien des *Eros* vom *Thanatos* konsumiert und mit zerstörerischem Drang nach außen getragen werden. Das Resultat sind Kriege im eigentlichen und im übertragenen Sinne. Sie sind von der Kontrollinstanz der *Combine* gewollt, weil sie auf das jeweils gewünschte Objekt gerichtet werden können. Die Furcht vor den Schimären falscher Feinde und die Hörigkeit gegenüber nicht hinterfragten Richtlinien erschöpft den Kreativgeist der Menschen und lässt sie schließlich zu den konditionierten Automaten verkommen, die reibungslos die Zukunft einer noch reibungsloser funktionierenden Welt erbauen.

Die „Sozialordnung", die die „Gleichsetzung von normal, gesellschaftlich nützlich und gut fordert" (Marcuse, siehe oben), muss somit auch im Umkehrschluss alles Anormale als unnütz und böse deklarieren. Die Angst vor der eigenen Anomalie lässt dabei die Menschen ihr Mitleid vergessen. In der Furcht nicht mehr Teil des Ganzen oder gar der Gewalt des Ganzen unterlegen zu sein, wird der Mensch Täter am Mitmenschen. Die Manipulation des Einzelnen durch Furcht in diesem binären Wertesystem findet in einem besonders niederträchtigen Beispiel der Weltgeschichte seine Entsprechung. Hannah Arendt erinnert sich an die jüdischen Sonderkommandos, die beim Vernichtungsprozess mitgeholfen haben, „um sich vor einer unmittelbaren Lebensgefahr zu retten"[260]. Das System der Vernichtung raubt den Opfern nicht nur ihr Leben, sondern zuvor ihre Menschlichkeit. Es nimmt ihnen somit jede Chance, in einem späteren Aufbegehren die Schuld ihrer Taten vergessen machen zu können (siehe auch Peter Bamm oben). In die gleiche Richtung gehen die Maßnahmen des *log book*, durch welches bloße Opfer auch zu Tätern ihrer Mitmenschen gemacht werden. Nicht anders verhält es sich bei der Zerstörung des Siedlungsgebietes durch den von Ureinwohnern

---

[260] Arendt, *Eichmann in Jerusalem* 178.

bedienten *gravel crusher*. Ihrer Existenz des Fischfangs beraubt, wird ihnen keine andere Möglichkeit gelassen, als sich als Knechte der *Combine* zu verdingen.

„[Dieses] Universum permanenter Verteidigung und Aggression … manifestiert sich … in der durch Wissenschaft und Technik freigesetzten und produktiv gemachten Gewalt, im Terror von Reklame und Vergnügen, wie er an einem gefangenen Publikum verübt wird."[261] Die Aussonderung der funktionsuntüchtigen Elemente erinnert hierbei an die Entledigung unreiner Bestandteile eines Organismus – der *Combine*. Auch hier kann wieder eine Parallele zum Terrorregime der Nationalsozialisten hergestellt werden. Waren es doch selbige, die eine Ideologie entwickelten, in welcher „eine Gesellschaft ein Organismus ist, dessen ‚kranke' Bestandteile beseitigt werden müssten"[262]. Im Dogma der Funktionalität dieser organischen Gesellschaft werden die Menschen nicht mehr nur zu „Bestandstücken der Maschinerie geprägt, sondern sie werden auch für sich selber, ihrem eigenen Bewusstsein nach zu Werkzeugen, zu Mitteln anstatt zu Zwecken"[263]. Die Menschen der modernen Industriegesellschaft verkommen zur bloßen Produktionskraft, deren Existenzziel die Anhäufung jener Produkte ist, deren Erwerb ihnen als Essenz ihres Daseins indoktriniert wird. In einer antiasketischen Welt realisiert sich somit die Warnung der Stoa vor dem Besitz der Dinge, die einst in ihrer Masse Besitz vom Besitzer ergreifen werden.

Das Böse dieser Combine besteht in der erstrebten „Gleichheit durch die radikale Ausmerzung von Verschiedenheit, … bis am Schluss eine Einheitsgesellschaft nach dem Modell der reibungslos funktionierenden Maschine entsteht"[264]. Der Mensch erkennt sich selbst nur als „so viel wert wie er verdient" (Horkheimer und Adorno, siehe oben). Er glaubt an die ihm gepriesene Identität seiner selbst mit seiner wirtschaftlichen Produktionsfähigkeit. Dieses falsche Leben zu durchbrechen ist die Motivation jener McMurphys dieser Welt. In der Kastration ihrer Instinkte liegt das gewaltigste Böse der *Combine*.

---

[261] Herbert Marcuse, *Ideen zu einer Kritischen Theorie der Gesellschaft* 162.
[262] Foot 38.
[263] Theodor W. Adorno, *Kritik: Kleine Schriften zur Gesellschaft* (Frankfurt am Main: Suhrkamp, 1971) 80.
[264] Pieper 105.

4. Zusammenfassung

Das Ziel der Studie war die Untersuchung des Bösen in *One Flew Over the Cuckoo's Nest*. Hierbei sollten nicht nur möglichst viele Aspekte dieses Phänomens *en detail* eruiert, sondern auch die Thematisierung jenes Sujets in den Gattungen Epik (Genre des Romans), Drama sowie im Medium Film verglichen werden. Um hierbei zu verwertbaren Ergebnissen zu kommen, war die unbedingte Notwendigkeit gegeben, die zu analysierenden Elemente auf eine feste Basis theoretischer Bezüge zu fußen. Im Zuge dessen war es unumgänglich, zunächst die Konzeption(en) des Bösen näher zu beleuchten.

Der Autor entschied sich hier für philosophische Texte verschiedener Gelehrter, die zu dieser Thematik Schriften verfasst haben. Da die Einflüsse jener Denker die Ausprägung der abendländischen (und folglich auch der nordamerikanischen) Geisteswissenschaften nachhaltig geprägt haben, versprach diese Herangehensweise die bestmögliche Interpretation zu unserem Verständnis des Bösen. Hierbei sollte sich jedoch nicht auf die Lehrmeinung eines Einzelnen gestützt, sondern eine möglichst facettenreiche Palette unterschiedlicher Argumentationen und Theoreme bedeutungsvoller Philosophen in Betracht gezogen werden. Um ein möglichst breites Spektrum jener Erklärungsansätze zum Ursprung und Wesen des Bösen zu erhalten, wurde hierbei Wert auf einen diachronen Überblick jener Deutungsvarianten gelegt.

Im Zwischenfazit (Punkt 2.3.) lässt sich hierzu festhalten, dass neben den verschiedenen Auslegungsansätzen doch auch eine nicht geringe Schnittmenge ähnlicher Interpretationen zu finden ist. So begegnet dem Leser antiker Philosophen die Gleichsetzung der Weisheit mit dem Guten. Die Absenz jenes Wissens jedoch generiere das Böse dieser Welt. Ein Gedanke, der später in den Schriften aufklärerischer Philosophen wie Kant wieder starke Akzentuierung finden sollte. Neben alttestamentarischen Erklärungsansätzen, die den Ursprung des Bösen in der menschlichen Abkehr vom Schöpfer verorten, wandelte sich das Verständnis vom Bösen in der Neuzeit mit Schopenhauer, Nietzsche und dann vor allem Freud zu einer anthropologischen Konstante natürlicher Triebstruktur. Von besonderem Interesse für die Untersuchung der *Combine* waren die Ergebnisse der Vertreter der Frankfurter Schule und Hannah Arendt, die das irdische Leiden nicht mehr auf individueller Ebene verorten, sondern als Resultat repressiver Systeme deklarieren. Die Signifikanz dieses Themas ist durch die Fülle gegenwärtiger Schriften belegt und verdeutlicht, dass eine eindeutige Erklärung des Ursprungs und des Wesens des Bösen über die Jahrtausende bis heute nicht gefunden worden ist. Diesem Desiderat zum Trotz ergaben sich jedoch für die weiteren Untersuchungen wichtige Aspekte, die zum Zwecke der Interpretation herangezogen werden konnten.

Um die drei „Geschichten" des Romans, des Dramas und des Films angemessen interpretieren zu können, mussten auch hier noch einmal zunächst die gattungs- und medienspezifischen Besonderheiten ermittelt werden. Die wohl außerordentlich zu nennende Erzählperspektive Bromdens, die trotz der Ich-Perspektive aufgrund der Eigenschaften des Protagonisten Wechsel im Fokalisationspunkt und die Wiedergabe omniszienter Eindrücke erlaubt, war hier insbesondere in den Fokus zu rücken. Sein Zustand als *chronic* eröffnet dem Leser eine Interpretationsebene, die zwischen Realität und Wahnvorstellung oszillierend eine bizarre Welt surrealen Horrors zu schaffen vermag.

Die Bewältigung der schwierigen Aufgabe, diese Welt im Drama wiederzugeben, gelingt Wasserman hierbei nur bedingt. Zu erratisch wirken die Charakterentwicklungen und zu grob die Aneinanderreihung der einzelnen Szenen. Die Tiefe des Romans erreicht das Theaterstück daher nicht. Die Aspekte des Bösen, obwohl auch in ihrer Subtilität stark vereinfacht, können von Wasserman jedoch trotzdem recht glaubwürdig wiedergegeben werden. Milos Forman entschied sich für einen realistischen Film und somit für die Aussetzung der traumhaften Elemente Bromdens. Dies implizierte auch die Reduktion des Bösen auf nahezu ausschließlich konkrete Elemente. Die *Combine* wird hierbei auf ein Minimum reduziert, was den Film zu einer völlig anderen Geschichte werden lässt. In seiner Entscheidung das Böse auf fassbare Personen zu verlagern, gelingt Forman dennoch eine inspirierende Mahnung gegen die Unterdrückung menschlicher Freiheit.

Das Böse konnte in *Cuckoo's Nest* dahingehend konkretisiert werden, dass es sich auf der Ebene der Individuen in den Figuren der Stationswärter und der Oberschwester Ratched manifestiert. Die Ausprägung und der Ursprung sind hierbei jedoch äußerst verschieden. Die Aufseher scheinen ihren Hass aus der eigens empfundenen Unterdrückung zu beziehen und projizieren selbigen auf die Ersatzobjekte noch schwächerer Gesellschaftsmitglieder. Ratcheds

Gewalt hingegen ist kalt und manipulativ. Ihre sadistischen Tendenzen sind latenter und verbergen sich unter der Fassade fürsorglichen Gebarens. Ihr Motiv ist hierbei jedoch der Absolutheitsanspruch der Kontrolle, den sie durch die fortwährende Erniedrigung des Willens menschlicher Selbstentfaltung zu gewährleisten glaubt. Kesey zeichnet die Gruppentherapien, die ECT und die Lobotomie als Werkzeuge ihrer Terrorherrschaft. Ratched selbst ist hierbei jedoch auch nur Instrument einer noch höheren Entität des Bösen – der *Combine*.

Die im Buch gegenwärtigste Macht ist zugleich auch jene, die am schwersten einer Definition zuzuordnen ist. Deutlich ist allerdings der gesellschaftliche Bezug, den Kesey und mit Abständen auch Wasserman und Forman herzustellen suchen. Bromden definiert die *Combine* als jenes Böse, das die Menschen zu Apparaturen ihrer von der *Combine* zugewiesenen Funktion werden und sie dadurch ihre Menschlichkeit für einander vergessen lässt. Der Götzen der Maschine bestimmt das Schicksal jener, deren Perspektive nicht über die Erfüllung ihrer ihnen zugeteilten gesellschaftlichen Rolle hinausreicht. Diejenigen, die nicht in der Lage sind diese Funktionen zu erfüllen (die Patienten), fallen durch das Raster soziätärer Akzeptanz. Die wenigen hingegen, die sich gegen eine Vereinnahmung durch die Kontrollinstanzen noch zu wehren vermögen, werden als *potentially assaultive* der Strafe geistiger Impotenz zugeführt (McMurphy, Taber).

Der Vergleich mit den Ergebnissen der philosophischen Untersuchungen macht deutlich, dass viele der eruierten Schwerpunkte auf die konkreten Elemente des Bösen in *Cuckoo's Nest* ihre Anwendung finden. Besonders prägnant werden die Parallelen bei den Theoremen der Triebstruktur (Freund, Frankfurter Schule). Die Unterdrückung des *Eros* und des freien Willens durch eine dem Diktat rationeller Denkstrukturen verschriebenen Gesellschaft ziehen enorme Konsequenzen für die in ihr lebenden Menschen nach sich. Die Idolatrie der mathematischen Gleichung erstickt die Phantasie und Empathie des Menschen. Die Folge sind totalitäre Regime, deren Geltungsanspruch durch die erhöhte Aggression ihrer Menschen gegen jene wenigen Andersdenkenden mit äußerster Brutalität durchgesetzt wird. Kesey, Wasserman und Forman spürten den Widerstand und die Gewalt, deren Auswüchse in der Weise zunehmen, wie sich Ansprüche auf individuelle Lebenswege Geltung verschaffen. Ihre Werke mahnen zur Erweiterung der eigenen Perspektive, der Selbstreflexion hinsichtlich der Verwirklichung eigener Träume und warnen davor, das Recht der eigenen Entscheidung zu delegieren und damit den Anspruch auf Freiheit zu verwirken.

One Flew Over the Cuckoo's Nest hat nichts von seiner Aktualität verloren. Verringert sich auch die Zahl totalitärer Regime, so verwischt doch auch zusehends die Grenze zwischen Fremdbestimmung und unabhängiger Lebensplanung. In einer Welt der *corporate personhood*, in welcher Menschenrechte auf Kapitalgesellschaften und Großkonzerne ausgeweitet werden, in einer Gesellschaft, in der mit dem Alter die Optionen der nächsten Entscheidung geringer zu werden scheinen, fühlt man sich an manche Zeile Bromdens erinnert und erkennt, dass den Wahnvorstellungen des Patienten eine Welt des Wahnsinns zugrunde liegt, die jederzeit Realität werden kann. Die Vernunft ist kein *top-down* Prozess herrschaftlicher Oktroyierung, sondern sie muss im Sinne Kants im Menschen selbst beginnen, soll nicht wieder die „furchtbare Banalität des Bösen, vor der das Wort versagt und an der das Denken scheitert"[265] Prinzip der menschlichen Existenz werden.

---

[265] Arendt, Eichmann in Jerusalem 371.

5. Literaturverzeichnis

Primärliteratur

Adorno, Theodor W. *Kritik: Kleine Schriften zur Gesellschaft*. Frankfurt am Main: Suhrkamp, 1971.

Arendt, Hannah. *Eichmann in Jerusalem: Ein Bericht von der Banalität des Bösen*. 4. Aufl. München: Piper, 2009.

Arendt, Hannah. *Über das Böse: Eine Vorlesung zu Fragen der Ethik*. München: Piper, 2003.

Aristoteles. *Nikomachische Ethik*. Ed. Günther Bien. Übers. Eugen Rolfes. 4. Aufl. Hamburg: Meiner, 1985.

Aristoteles. *Oikonomika*. Ed. Hellmut Flashar und Ernst Grumach. Übers. Renate Zoeppfle. Berlin: Akademie Verlag, 2006.

Augustinus. *Bekenntnisse*. Ed. und übers. Kurt Flasch. Stuttgart: Reclam, 2008.

Bamm, Peter. *Die unsichtbare Flagge: Ein Bericht*. München: Kösel-Verlag, 1952.

Burgess, Anthony. *A Clockwork Orange*. Stuttgart: Reclam, 1992.

Einstein, Albert. *The World as I See It*. Minneapolis: Filiquarian, 2006.

Fromm, Erich. *Psychoanalyse und Ethik*. Frankfurt am Main: Ullstein, 1978.

Horkheimer, Max und Theodor W. Adorno. *Dialektik der Aufklärung*. 17. Aufl. Frankfurt am Main: Fischer, 2008.

Huxley, Aldous. *Brave New World*. New York: Harper Collins, 1992.

Kant, Immanuel. *Die Religion innerhalb der Grenzen der bloßen Vernunft*. Ed. Karl Vorländer. 5. Aufl. Leipzig: F. Meiner, 1922.

---. *Grundlegung zur Metaphysik der Sitten*. Ed. Hans Ebeling. Ditzingen: Reclam, 1996.

---. *Was ist Aufklärung? Ausgewählte kleine Schriften*. Ed. Horst D. Brandt. Hamburg: Meiner, 1999.

Kesey, Ken. *One Flew Over the Cuckoo's Nest*. New York: Penguin, 2006.

Marcuse, Herbert. *Ideen zu einer Kritischen Theorie der Gesellschaft*. Frankfurt am Main: Suhrkamp, 1969.

---. *One-Dimensional Man*. 2. Aufl. New York: Routledge, 1991.

---. „Repressive Toleranz." *Kritik der reinen Toleranz*. Ed. Robert P. Wolff, Barrington Moore und Herbert Marcuse. Frankfurt am Main: Suhrkamp, 1966. 91 – 128.

---. *Triebstruktur und Gesellschaft: Ein philosophischer Beitrag zu Sigmund Freud.* Frankfurt am Main: Suhrkamp, 1970.

---. *Versuch über die Befreiung.* Frankfurt am Main: Suhrkamp, 1969.

Nietzsche, Friedrich. *Also sprach Zarathustra.* Frankfurt am Main: Insel Verlag, 2000.

---. *Die fröhliche Wissenschaft.* Augsburg: Goldmann, 1999.

---. *Jenseits von Gut und Böse: Vorspiel einer Philosophie der Zukunft.* Augsburg: Goldmann, 1999.

Melville, Herman. *Moby Dick; or, The Whale.* Oxford: OUP, 1998.

Platon. *Apologie des Sokrates.* In *Platon Werke.* Ed. und übers. Ernst Heitsch. Band I 2. 2. Aufl. Göttingen: Vandenhoeck & Ruprecht, 2004.

---. *Der Staat.* Buch VII. Ed. und übers. Otto Apelt. Hamburg: Felix Meiner Verlag, 1988.

Schopenhauer, Arthur. *Die Welt als Wille und Vorstellung.* Ed. n.n. Norderstedt: Grin, 2009.

Seneca. *Briefe an Lucilius über Ethik.* Ed. und übers. Franz Loretto. Stuttgart: Reclam, 1987.

Wassermann, Dale. *One Flew Over the Cuckoo's Nest.* New York: Samuel French, 2002.

Sekundärliteratur

Andersen, Svend. *Einführung in die Ethik.* 2. Aufl. Berlin: Walter de Gruyter, 2005.

Apel, Max und Peter Ludz. *Philosophisches Wörterbuch.* Berlin: de Gruyter, 1976.

Berkel, Irene. *Sigmund Freund.* Paderborn: Wilhelm Fink, 2008.

Berthold, Helmut. *Die Lilien und den Wein: Gottfried Benns Frankreich.* Würzburg: Königshausen und Neumann, 1999.

Boardman, Michael M. „One Flew Over the Cuckoo's Nest: Rhetoric and Vision." *Journal of Narrative Techniques* 9.3 (1979): 171 – 183.

Cuddon, J.A. *Dictionary of Literary Terms & Literary Theory.* 4. Aufl. New York: Penguin, 1999.

DeBartolo, Dick and Mort Ducker. „One Cuckoo Flew Over the Rest." *A Casebook on Ken Kesey's One Flew Over the Cuckoo's Nest.* Ed. George J. Searles. Albuquerque: University of New Mexico Press, 1992. 173 – 182.

Faggen, Robert und Ken Kesey, „Ken Kesey: The Art of Fiction No. 136." *Paris Review* 35.130 (1994): 58 – 94.

Ferrel, William K. *Literature and Film as Modern Mythology.* Westport and London: Praeger, 2000.

Fifer, Eliabetz. „From Tragicomedy to Melodrama: The Novel Onstage." *Lex et Scientia: The International Journal of Law and Science* 13.1-2 (1977): 75 – 80.

Figal, Günter. *Sokrates.* 3. Aufl. München: C.H. Beck, 2006.

Foley, Andrew. „Allegories of freedom: Individual liberty and social conformity in Ken Kesey's *One Flew Over the Cuckoo's Nest.*" *Journal of Literary Studies* 17.1 (2001): 31 – 57.

Foot, Philippa. *Die Wirklichkeit des Guten: Moralphilosophische Aufsätze.* Fischer: Frankfurt am Main, 1997.

Gefin, Laszlo K. „The Breasts of Big Nurse: Satire Versus Narrative in Kesey's *One Flew over the Cuckoo's Nest.*" *Modern Language Studies* 22.1 (1992): 96 – 101.

Geyer, Carl-Friedrich. *Leid und Böses in philosophischer Deutung.* Augsburg: Verlag Karl Alber, 1983.

Hacht, Anne Marie und Dwayne D. Hayes. *Gale Contextual Encyclopedia of American Literature.* New York: Gale, 2009.

Harris, Sam. *The Moral Landscape.* New York: Free Press, 2010.

Haskell, Molly. „Nicholson's Ironic Portrayal of McMurphy." *Readings on One Flew Over the Cuckoo's Nest.* Ed. Lawrence Kappel. San Diego: Greenhaven Press, 2000. 173 – 177.

Höffe, Otfried. *Lesebuch zur Ethik: Philosophische Texte von der Antike bis zur Gegenwart.* 4. Aufl. München: C.H. Beck, 2007.

Hoffmann, Detlef. „Das Gedächtnis der Dinge." *Das Gedächtnis der Dinge. KZ-Relikte und KZ-Denkmäler 1945 – 1995.* Ed. Detlef Hoffmann. Frankfurt am Main: Campus, 1998. 6 – 35.

Hornby, A.S., Sally Wehmeier und Michael Ashby. *Oxford Advanced Learner's Dictionary.* 6. Aufl. Oxford: OUP, 2000.

Hossenfelder, Malte. *Die Philosophie der Antike: Stoa, Epikureismus und Skepsis.* 2. Aufl. München: C.H. Beck, 1995.

Kappel, Lawrence. „Ken Kesey: Life before, during, and after and Extrodinary Interlude." *Readings on* One Flew Over the Cuckoo's Nest. Ed. Lawrence Kappel. San Diego: Greenhaven Press, 2000. 15 – 31.

Kermode, Frank. „The Film Compared to the Novel." *Readings on* One Flew Over the Cuckoo's Nest. Ed. Lawrence Kappel. San Diego: Greenhaven Press, 2000. 165 – 168.

Kerr, Walter. „… And the Young Flew Over the Cuckoo's Nest." *Ken Kesey.* One Flew over the Cuckoo's Nest*:Text and Criticism*. Ed. John C. Pratt. New York: Penguin, 1977. 445 – 449.

Klarer, Mario. *Frau und Utopie: Feministische Literaturtheorie und Utopischer Diskurs im Anglo-Amerikanischen Roman*. Darmstadt: Wissenschaftliche Buchgesellschaft, 1993.

Kraus, Wolfgang. „Das narrative Selbst und die Virulenz des Nicht-Erzählten." *Das Gute und das Böse erzählen*. Ed. Karen Joisten. Berlin: Akademie, 2007. 25-43.

Kretzer, Birgit Erika. *Zur Symbolik des Bösen: Weltanschauliche und religiöse Aspekte in der amerikanischen Kurzgeschichte des 19. und 20. Jahrhunderts*. Aachen: Karin Fischer, 1996.

Kunz, Don. „Mechanistic and Totemistic Symbolization in Kesey's *One Flew Over the Cuckoo's Nest*." *A Casebook on Ken Kesey's* One Flew Over the Cuckoo's Nest. Ed. George J. Searles. Albuquerque: University of New Mexico Press, 1992. 81 – 102.

Kussäther, Helmut. *Was ist gut und böse? Zur Grundlegung der Ethik*. Neukirchen-Vluyn: Neukirchener Verlag, 1979.

Lacey, Nick. *Introduction to Film*. New York: Palgrave Macmillan 2005.

Lorenz, Konrad. *Das sogenannte Böse: Zur Naturgeschichte der Aggression*. Wien: Borotha-Schöller-Verlag, 1963.

MacDonald, George B. „Control by Camera: Milos Forman as Subjective Narrator." *A Casebook on Ken Kesey's* One Flew Over the Cuckoo's Nest. Ed. George J. Searles. Albuquerque: University of New Mexico Press, 1992. 163 – 172.

Madden, Fred. „Sanity and Responsibility: Big Chief as Narrator and Executioner." *Modern Fiction Studies* 32.2 (1986): 203-216.

Magee, Bryan. *The Philosophy of Schopenhauer*. Oxford: OUP, 2002.

Mommsen, Hans. „Hannah Arendt und der Prozess gegen Adolf Eichmann." *Eichmann in Jerusalem. Ein Bericht von der Banalität des Bösen*. Hannah Arendt. 4 Aufl. München: Piper, 2009.

Mann, Thomas. *Nietzsche's Philosophy in the Light of Contemporary Events*. Washington: Library of Congress, 1947.

Marcia L. Falk. „Letter to the Editor of the New York Times." *Ken Kesey. One Flew Over the Cuckoo's Nest: Text and Criticism*. Ed. John C. Pratt. New York: Penguin, 1977. 450 – 453.

Martin, Terence. „*One Flew Over the Cuckoo's Nest* and the High Cost of Living." *A Casebook on Ken Kesey's One Flew Over the Cuckoo's Nest*. Ed. George J. Searles. Albuquerque: University of New Mexico Press, 1992. 25 – 40.

McMahan, Elizabeth. „A Sexist Novel." *Readings on One Flew Over the Cuckoo's Nest*. hrsg. Lawrence Kappel. San Diego: Greenhaven Press, 2000. 79 – 83.

McMahan, Elizabeth. „The Big Nurse as Ratchet: Sexism in Kesey's Cuckoo's Nest." *A Casebook on Ken Kesey's One Flew Over the Cuckoo's Nest*. Ed. George J. Searles. Albuquerque: University of New Mexico Press, 1992. 145 – 150.

Miller, Dean A. *The Epic Hero*. London: John Hopkins University Press, 2000.

Nünning, Vera und Ansgar. *An Introduction to the Study of English and American Literature*. Stuttgart: Klett, 2004.

Olderman, Raymond M. „The Grail Knight Arrives." *A Casebook on Ken Kesey's One Flew over the Cuckoo's Nest*. Ed. George J. Searles. Albuquerque: University of New Mexico Press, 1992. 67 – 80.

Pauer-Studer, Herlinde. *Einführung in die Ethik*. Wien: Facultas AG, 2003.

Pieper, Annemarie. *Gut und Böse*. München: C.H. Beck, 1997.

Rajewsky, Irina O. *Intermedialität*. Tübingen: Francke, 2002.

Rawls, John. *Eine Theorie der Gerechtigkeit*. Frankfurt am Main: Suhrkamp, 1979.

Roberts, Julian. „The Dialectic of Enlightenment." *The Cambridge Companion to Critical Theory*. Ed. Fred Rush. Cambridge: CUP, 2004. 57-73.

Safer, Elaine B. „It's the Truth Even if It Didn't Happen." *A Casebook on Ken Kesey's One Flew Over the Cuckoo's Nest*. Ed. George J. Searles. Albuquerque: University of New Mexico Press, 1992. 151 – 162.

Schopf, William. „Bildfolded and Backwards: Promethean and Bemushroomed Heroism in *One Flew Over the Cuckoo's Nest* and *Catch-22*." *The Bulletin of the Rocky Mountain Modern Language Association* 26.3 (1972): 89-97.

Seelbach, Larissa Carina. „Confessiones: Augustin – Ein Birnendieb!" *Irrwege des Lebens: Augustinus, Confessiones*. Ed. Norbert Fischer und Dieter Hattrup. Paderborn: Ferdinand Schöningh , 2004. 55 – 74.

Sherwood, Terry G. „*One Flew Over the Cuckoo's Nest* and the Comic Strip." Ken Kesey. <u>One Flew Over the Cuckoo's Nest</u>: *Text and Criticism*. Ed. John C. Pratt. New York: Penguin, 1977. 382 – 396.

Slater, Thomas J. „The Camera as Narrator." *Readings on <u>One Flew Over Cuckoo's Nest</u>*. Ed. Lawrence Kappel. San Diego: Greenhaven Press, 2000. 178 – 187.

Storr, Anthony. *Freud: A Very Short Introduction*. Oxford: OUP, 1989.

Szlezak, Thomas Alexander. „Das Höhlengleichnis." *Platon Politeia: Klassiker Auslegen*. Ed. Otfried Höffe. Berlin: Akademie Verlag, 2005. 205-228.

Taylor, C.C.W. *Socrates: A Very Short Introduction*. Oxford: OUP, 1998.

Thies, Christian. *Einführung in die philosophische Anthropologie*. Darmstadt: Wissenschaftliche Buchgesellschaft, 2004.

Tresidder, Jack. *The Complete Dictionary of Symbols*. San Francisco: Chronicle Books, 2004.

van Wert, William. „*One Flew Over the Cuckoo's Nest*. An Aerial View of the Nest by van Wert." *Jump Cut: A Review of Contemporary Media* 10.11 (1976): 51 – 52.

Walker, Janet. „Psychotherapy as Oppression? The Institutional Edifice." *Celluloid Couches, Cinematic Clients: Psychoanalysis and Psychotherapy in the Movies*. Ed. Jerrold R. Brandell. Albany: State University of New York Press, 2004. 95 – 116.

Wallis, Bruce E. „Christ in the Cuckoo's Nest: Or, The Gospel According to Ken Kesey." *A Casebook on Ken Kesey's <u>One Flew Over the Cuckoo's Nest</u>*. Ed. George J. Searles. Albuquerque: University of New Mexico Press, 1992. 103 – 110.

Waugh, Patricia, „Creative Writers and Psychopathology: The Cultural Consolation of 'The Wound and the Bow' Thesis." *Madness and Creativity in Literature and Culture*. Ed. Corinne Saunders and Jane Macnaughton. New York: Palgrave Macmillan, 2005. 177 – 194.

Welzer, Harald. *Täter: Wie aus ganz normalen Menschen Massenmörder werden*. Frankfurt am Main: Fischer, 2005.

Wolf, Tom. „What do you think of my Buddha (Excerpt from the Electric Kool-Aid Acid Test)." *Ken Kesey. One Flew Over the Cuckoo's Nest: Text and Criticism.* Ed. John C. Pratt. New York: Penguin, 1977. 315 – 332.

Zehm, Günter. *Das Böse und die Gerechten: Auf der Suche nach dem ethischen Minimum*. Schnellroda: Edition Antaios, 2005.

Filme und Internetquellen

One Flew Over the Cuckoo's Nest. Dir. Milos Forman. Perf. Jack Nicholson, Christopher Lloyd, Danny DeVito. Warner Brothers, 1975. DVD.

The Thin Red Line. Dir. Terrence Mallick. Perf. James Caviezel, Sean Penn, Nick Nolte. Fox 2000 Pictures, 1998. DVD.

NSDAP-Parteiabzeichen. 05.10.2011. <http://www.muenzauktion.com/futter/item.php5?id=1902&ref=froogle>.

Reichsadler. 05.10.2011. <http://pluspunkt.at/var/storage/images/medien/images/reichsadler/11330-3-gerDE/reichsadler.png>.

Schopenhauer, Arthur. *Die beiden Grundprobleme der Ethik*. Leipzig: Brockhaus, 1860. 17.09.2011. <http://books.google.com/books?id=feEFAAAAQAAJ&printsec=frontcover#v=onepage&q&f=alse>.

Autorenprofil

Toni Friedrich wurde 1983 in Borna geboren. Sein Studium an der Martin-Luther-Universität Halle-Wittenberg schloss der Autor im Jahre 2012 mit der Ersten Staatsprüfung für das Lehramt an Gymnasien mit Auszeichnung ab. Beeinflusst von verschiedenen universitären Angeboten und seinem Auslandsaufenthalt in New York, entwickelte sich beim Autor während des Studiums eine Faszination für das Metier der amerikanischen Literatur sowie die Motivation sich der Thematik des vorliegenden Buches zu widmen.